Alfred VUILLIÈME

La Défense

DE

FRÉTEVAL

(13, 14 et 15 Décembre 1870)

Sic vos non vobis...

VENDOME
IMPRIMERIE FRÉDÉRIC EMPAYTAZ
27, Rue Poterie, 27

1903

LA DÉFENSE

DE

FRÉTEVAL

Publié dans le bulletin trimestriel du mois de septembre 1903, de la *Société archéologique, scientifique et littéraire du Vendomois*.
Il a été fait de cette publication un tirage à part de 25 exemplaires qui ne doivent pas être vendus.

———

Nº

Alfred VUILLIÈME

La Défense

DE

FRÉTEVAL

(13, 14 et 15 Décembre 1870)

Sic vos non vobis...

VENDOME
IMPRIMERIE FRÉDÉRIC EMPAYTAZ
27, Rue Poterie, 27

1903

AVANT-PROPOS

Nous n'avons jamais franchi le pont de Fréteval, ni parcouru la si pittoresque route qui conduit à Morée, sans évoquer le souvenir des terribles journées que vécut là la malheureuse deuxième armée de la Loire.

Fréteval fut la dernière et funèbre étape pour beaucoup des braves gens qui composaient cette armée dont les forces devaient trahir le courage.

Chaque pays témoin de ces malheurs ne doit-il pas être le dépositaire de la gloire, le pieux gardien de la mémoire de ceux qu'il a vu tomber au champ de l'honneur ?

Les circonstances nous ayant à la fois fait rencontrer des témoins dignes de foi et des documents authentiques, nous avons songé à accomplir ce devoir, d'autant plus impérieux qu'il rendait enfin justice à des oubliés (1).

En entretenant dans les cœurs le culte d'une patriotique reconnaissance, on honore moins que soi-même, ceux dont on célèbre l'héroïque sacrifice.

Il sera, dans la suite, beaucoup parlé des Bretons, aussi nous est-il venu naturellement à l'esprit, qu'on ne pouvait pas donner à ce récit une meilleure préface qu'une des plus belles pages de leur grand compatriote Renan :

« Le culte des ancêtres est de tous le plus légitime ;

---

(1) Au cours de cette désastreuse campagne certains corps se laissèrent attribuer la gloire des autres. C'est ainsi que la garde mobile de Loir-et-Cher fut elle-même victime de l'injustice ou de l'ignorance d'historiens ou de généraux mal informés qui l'oublièrent dans leurs récits de l'assaut de Faverolles. (*Casquettes blanches et Croix Rouges* — BARON DE MARICOURT.)

« les ancêtres nous ont fait ce que nous sommes. Un
« passé historique, de grands hommes, de la gloire,
« (j'entends la véritable), voilà le capital social sur lequel
« on assied une idée nationale. Avoir des gloires
« communes dans le passé, une volonté commune dans
« le présent ; avoir fait de grandes choses ensemble,
« vouloir en faire encore, voilà les conditions essentielles
« pour être un peuple. On aime en proportion des sacri-
« fices qu'on a consentis, des maux qu'on a soufferts, on
« aime la maison qu'on a bâtie et qu'on transmet. Le
« chant spartiate : « *Nous sommes ce que vous fûtes,*
« *nous serons ce que vous êtes* » est dans sa simplicité
« l'hymne abrégé de toute patrie. »

Nous avons employé dans ce travail la méthode contradictoire. Nous avons comparé les historiques français et les historiques allemands, ne retenant que les parties de leurs récits qui se superposaient. Nous avons ainsi, espérons-nous, éliminé les histoires fantaisistes que certains auteurs ont improvisées, lorsque l'absence de documents authentiques les obligeait à combler les lacunes de leurs recherches. Il suffit pour se convaincre des nombreuses erreurs de détail de la plupart des auteurs de lire chez chacun d'eux le récit d'un même événement.

Nous devons beaucoup de notes à M. Ch. Arzanó, publiciste, qui s'est occupé de faire l'historique du bataillon « Finistère-Morbihan ». *MM. Bruère et Jouanneau, deux des rares hommes restés à Fréteval pendant les jours de bataille, nous ont gracieusement aidé de leurs souvenirs, enfin, M. Launay, directeur du journal le* Carillon, *nous a été aussi d'un grand secours par la gracieuse publicité de son journal. A chacun de ces Messieurs nous offrons nos publics remerciements.*

Il nous a semblé qu'il pourrait être intéressant pour les chercheurs de connaître les sources où nous avons puisé nos documents. Nous leur offrons la liste des ouvrages que nous avons consultés avec l'indication de leurs fiches à la Bibliothèque Nationale.

1º Livres français

Garde Mobile du Calvados : L⁴ H. 1020.

P. PITARD. — *4ᵉ Bᵒⁿ de l'Orne* : L⁴ H. 1013.

COSTA DE SERDA. — *La Guerre Franco-Allemande*. — Traduction du Grand État-Major prussien, 5 volumes et 1 atlas : 8º M. 2606.

R. DE MAUNY. — *L'armée de Chanzy* : L⁴ H. 1883.

DE CLINCHAMP. — *1ᵉʳ Bᵒⁿ Garde mobile de la Manche* : L⁵ H. 1316

LECLERC (capitaine). — *Campagne 1870-71*. (Tableau statistique des pertes des armées allemandes). Dumaine, 2 vol., 1873.

2º Livres allemands

(Pour ces derniers, le chercheur devra se munir de son dictionnaire car ils ne sont pas traduits.)

NIEMANN (Hauptmann Wilfrid). — *Le 76ᵉ Régiment* : 8º M. 581.

FISCHER (major à la 17ᵉ division). — *La 17ᵉ Division* : 8º M. 294.

GOTTSCHLING (Hauptmann). — *Le 75ᵉ* : { 8º M. 4962 / 8º M. 7507 } 2 Éditions.

STEINBERG (docteur). — *Le 76ᵉ Régiment* : 8º M. 7540.

CARL TANERA. — *Sur le Loir et dans la Sarthe* : 8º M. 6076.

UNGER (1ᵉʳ lieutᵗ von). — *Le 18ᵉ Dragons* : 8º M. 7854.

SPROTTE (Hauptmann). — *Le 9ᵉ d'artillerie de campagne du Schlewigs* : 8º M. 7496.

W. LIVONIUS (1ᵉʳ Lieutenant). — *Chronique du Bataillon des fusiliers du 2ᵉ hanséatique.*

Major von LUDWIG SCHAPER. — *La 17ᵉ division prussienne pendant la guerre 1870-71.*

LA DÉFENSE
DE
FRÉTEVAL
13, 14 et 15 décembre 1870

I

Situation de l'Armée de la Loire le 13 décembre 1870. — Arrivée du 21ᵉ corps à Fréteval. — Ses Dispositions. Service du Ravitaillement.

Le 13 décembre 1870, Fréteval se trouva être, le soir, le lieu de passage de nombreux corps de l'armée du général Chanzy qui achevait son premier mouvemeut de retraite commencé le 11 sur Vendôme où s'établit le grand quartier général.

Les positions de la 2ᵉ armée de la Loire s'échelonnèrent, ce jour là, sur une ligne ayant pour points extrêmes Saint-Hilaire-la-Gravelle et Saint-Amand en suivant jusqu'à Vendôme le cours du Loir.

L'état des troupes était fort misérable; à Loigny, le 2 décembre, elles se battirent sur la neige durcie par le froid, à Fréteval, elles arrivèrent dans la boue du dégel et sous une pluie battante. (1)

Cet armée se composait de troupes levées à la hâte, d'unités hétéroclites, sans cohésion ni entraînement, ce qui paralysait leurs bonnes volontés. Elle comptait aussi beaucoup de bataillons de la garde mobile affaiblis par les privations et la température plus meurtrières encore que la mitraille.

Le mouvement de retraite, malgré l'énergie du général en chef, avait augmenté le désordre et la confusion démoralisatrice, ce qui rend plus prodigieux et plus admirable la résistance efficace que quelques bataillons purent néanmoins opposer à un ennemi bien organisé, supérieur en nombre et surtout habitué déjà à la victoire. Tel était l'état moral et matériel de cette armée dont l'énergique chef restait le seul à conserver dans l'avenir une foi qu'il ne communiquait plus même à ses meilleurs lieutenants.

Nous éviterons au lecteur un tableau plus poignant des douloureuses faiblesses inséparables d'une semblable situation. Trop d'auteurs, à notre avis, s'y sont lourdement exercés, les uns sous le prétexte d'une vaine impartialité, les autres pour satisfaire des préférences dynastiques qui leur firent oublier leur dignité nationale.

Dans ses instructions datées de Josnes, du 10 décembre 1870, le général Chanzy ordonne que « *la direction générale du 21ᵉ corps dans le mouvement de retraite sera sur Fréteval et celle du 17ᵉ corps sur Oucques.* »

Toutefois, le général en chef, en prévision de cette

---

(1) Le terrain était partout glissant sur les chemins, le sol trop détrempé pour que chevaux et les voitures pussent passer dans les champs. Comme fatigue pour les homm et les animaux, cette journée fut une des plus pénibles de la campagne *(Deuxième armée de la Loire — Général Chanzy)*

.... Sitôt qu'on s'avise de quitter les routes on enfonce jusqu'aux genoux dans la boue, *Général Treskow*. (Lettre écrite au prince Frédéric-Charles le 14 décembre au soir.)

retraite qui s'imposait déjà depuis plusieurs jours, malgré quelques succès partiels, avait pris ses précautions afin de n'être pas devancé par l'ennemi.

La brigade Collet, réserve du 21ᵉ corps, appuyée d'un bataillon et d'une section de 4 de la division de Bretagne et de tous les francs-tireurs disponibles, avait été envoyée par avance à Saint-Hilaire pour observer la direction de Châteaudun et surveiller l'ennemi qui pouvait atteindre le Loir, par le nord de la forêt de Marchenoir, le traverser et précéder l'armée de la Loire par la forêt de Fréteval sur la grande route d'Orléans au Mans (2ᵉ armée de la Loire).

Cette colonne était, le 9, dans la forêt de la Ville-aux-Clercs, à l'Estriverde, d'où son chef envoyait une réquisition de pain à M. Bruère maire de Fréteval. Dans un post-scriptum de sa lettre il demandait à l'honorable magistrat des nouvelles de la guerre. Le 13, à trois heures du matin, il était à Morée et télégraphiait encore au maire de Fréteval de tenir prêt pour le soir le plus grand nombre possible de vivres. Le lendemain, ce malheureux officier était tué à la tête de ses marins. Comme on voit, cette colonne évoluait dans toute la région et la surveillait consciencieusement.

Le 13 décembre, dans l'après-midi, vers deux heures, les 2ᵉ et 3ᵉ divisions du 21ᵉ Corps arrivaient à la tête du pont de Fréteval, par la route de Morée, venant de Viévy-le-Rayé et d'Autainville. Les autres fractions de ce corps franchissaient le Loir à Saint-Hilaire.

Le lieutenant-colonel de gendarmerie Stephani, général auxiliaire, était en tête avec sa brigade, la 2ᵉ de la 3ᵉ division, il dut faire faire halte à la colonne pour laisser s'achever le passage de la queue du 17ᵉ Corps qui, lui, était arrivé par la route d'Oucques, se rendant à Pezou, Saint-Firmin et Morée, où devait s'établir son quartier général.

« Ce défilé de troupes de toutes armes, de voitures, de bagages, dura plus de deux heures.

« Cette retraite précipitée cause un peu de trouble et fait beaucoup parler. C'est la consolation des gens sans cœur et sans courage d'étourdir les autres et de s'étourdir eux-mêmes. » (1)

L'historien de la garde mobile du Calvados s'exprime ainsi sur le même fait :

Là, après vingt haltes dans l'espace d'un kilomètre, on attendit deux heures sous une pluie battante. Il était complètement nuit quand les bataillons purent traverser le pont de Fréteval. Arrivés au village ce fut un affreux pêle-mêle de troupes de toutes armes.

Vers 4 heures et demie, commença donc seulement le défilé des unités du 21e corps qui avaient été désignées pour franchir le Loir à ce point. Seule, la deuxième brigade de la troisième division, général du Temple, reçut l'ordre de remonter la route d'Oucques et d'aller camper pendant la nuit sur les hauteurs de la vieille tour pour observer l'ennemi.

Une colonne prusienne avait un instant inquiété à Oucques la retraite du 17e corps dont elle suivait les traces. Il ne semble pas que la brigade du Temple ait eu connaissance de ce fait, car à Fréteval on ne croyait pas, ce jour-là, que l'ennemi fût si proche (2).

Tous les mouvements s'étaient opérés sans la protection de reconnaissances assez avancées ; on ignorait la position de l'ennemi, on ne soupçonnait pas que le lendemain, au petit jour, il couronnerait toutes les hauteurs

---

(1) *Mémoires du commandant Rigalleau,* chef du bataillon *Finistère-Morbihan.* — Ancien capitaine d'Infanterie de marine, le commandant Rigalleau avait fait la guerre du Mexique. Décédé officier de la Légion d'honneur à Lorient, le 26 avril 1887.

(2) Du côté des Français, notre attaque sur Fréteval, avait surpris tout le monde à l'improviste... (Niemann Hauptmann and Cie chef Wilfrid) *Geschichte des 2e hauseatichen-régiment,* n° 76 1876 grand in-8 mit 2 karten-Hambourg-manke-6 marks.

... L'occupation de Fréteval surprit à l'improviste l'ennemi qui rassembla aussitôt ses troupes bivouaquant sur les hauteurs pour engager le combat. — *Les troupes du Grand Duc de Mecklembourg-Schwerin pendant la Guerre 1870-71.*

de la rive gauche du Loir, jetterait 3.000 hommes dans le village.

Le 13 au soir donc, tout le 21e corps, le seul dont nous aurons à nous occuper dans ce récit, se trouvait sur la rive droite (1). Il était échelonné de Mont-Henry, commune de Pezou à St-Hilaire-la-Gravelle, le long de la route de Tours à Chartres : sa première division à St-Hilaire dont elle défendait le pont, la deuxième à Mont-Henry, la troisième qui donnera le 14, au village du Plessis, moins cependant la brigade du Temple restée sur la rive gauche.

Les unités ne rejoignirent pas toutes le lieu de bivouac qui leur avait été désigné; c'est ainsi que le bataillon du Calvados resta en partie dans le bourg, la nuit du 13 au 14. Dans l'historique du 15e mobile du Calvados on lit en effet : « *Nous étions le 14, au matin à Fréteval, nous nous repliâmes, dès la première heure sur Fontaine.* » Ce bataillon dépendait de la première brigade de la troisième division, il aurait dû être au Plessis, mais les braves Normands se montrèrent, ce jour-là, peut-être un peu plus débrouillards que disciplinés. Ils préférèrent par cette pluie diluvienne s'abriter dans le bourg, au lieu d'aller sur les hauteurs. Qui oserait les blâmer bien sérieusement ?

La nuit du 13 au 14 fut une des plus épouvantables de la campagne : les bâtiments sont insuffisants pour cantonner les troupes qui bivouaquent dehors, sur la terre détrempée et sous une pluie torrentielle.

Les hommes n'ont pas de tentes et doivent se blottir sous leurs couvertures autour de feux qu'ils ont peine à entretenir. Quelques corps quittent sans ordre leurs

---

(1) Le 13, le général Jaurès rédige et signe de sa main, à Busloup, un ordre de rassemblement pour tous les travailleurs et de réquisition de tous les outils disponibles pour se rendre le 14, de bon matin, à la première coupure de Fréteval à Busloup, pour rétablir la route sur toute sa longueur.

emplacements. Le camp du Plessis est désigné « *le Camp de la boue* » par les mobiles Bretons. Le chef du bataillon de la garde-mobile du Finistère raconte dans ses mémoires qu'il passa la nuit sur un monceau de bois, près d'un grand feu, la tête sous une couverture de laine, et les pieds dans la boue ; lugubre veillée d'armes ! C'est en prêchant ainsi d'exemple et en partageant les souffrances de ses troupiers que ce vieux soldat sut maintenir l'ordre dans leurs rangs.

Tous les auteurs Français et Allemands sont unanimes à constater que la boue était telle qu'un grand nombre d'hommes avaient perdu leurs chaussures.

De Mauny dit :

13 décembre. — Cette journée fut la plus pénible de la campagne. Une pluie torrentielle avait transformé les terres en marécages, on pouvait à peine avancer. La nuit tombante nous trouva pressés entre la rampe du côteau et un interminable train d'artillerie dont les officiers se disputaient le passage avec ceux des hussards et des dragons. C'était à qui aurait la priorité. De temps en temps les essieux criaient et on les croyait partis, mais point : Ils faisaient six pas et une nouvelle halte commençait. Cela dura depuis cinq heures du soir jusqu'à neuf heures.

En entrant dans le village de Fréteval nous apprîmes que nous allions camper plus haut, dans un bois situé au haut de la côte. On se résigna car il n'y avait évidemment pas de place dans ce bourg et peut-être trouverait-on sous les sapins quelqu'endroit sec. En tout cas on ferait du feu. On gravit donc courageusement la montagne où est la tour de Fréteval, par un chemin coupé de fondrières dont on soupçonnait difficilement la présence autrement qu'en y descendant tout à coup jusqu'à mi-corps.

Parvenus en haut il nous fut impossible de découvrir le bois qui nous était assigné. Le colonel voulut lancer son cheval dans les champs mais il s'embourba aussitôt et revint avec peine sur la chaussée. La pluie tombait toujours. Les officiers durent déclarer aux soldats qu'il n'y avait pour passer la nuit que le bord de la route ! Les limites de la force et de la patience humaines étaient dépassées. La retraite avait produit son inévitable effet moral et aucune espérance, aucune idée de patrie ne soutenant plus personne, chacun commença à penser à soi. Beaucoup d'hommes s'en allèrent au hasard, n'importe où !

La voix du commandant qui appelait arrêta ce commencement de débâcle. Moi-même, arrivé déjà sur la route, j'entendis que tout le bataillon allait redescendre jusqu'à la gare du chemin de fer pour prendre du pain et qu'ensuite, on se logerait comme on pourrait.

Ceux qui ne s'étaient pas encore écartés trop loin revinrent à cet appel. On refit le terrain que l'on venait de parcourir et on eut le bonheur de trouver un wagon chargé de pains qui fut mis au pillage.

Puis chacun tira de son côté et rendez-vous fut donné pour le lendemain, 14, sept heures, sur une petite esplanade à l'issue du bourg. (*Mémoires sur l'armée de Chanzy. Garde mobile de Mortain.*)

L. Pitard s'exprime ainsi :

13 décembre. — Il faisait nuit noire quand on arriva à Fontaines trois kilomètres ouest de Fréteval, pour camper. L'eau tombait par torrents. Le bataillon (le 4e de l'Orne) fut placé dans une pièce de terre où, comme le matin, on enfonçait jusqu'à mi-jambe. Dans l'impossibilité d'y dresser leurs tentes à cause du vent et de la pluie les mobiles abandonnèrent cet endroit et allèrent se coucher où ils purent. Au surplus l'ordre de former les faisceaux était à peine donné que déjà tous les officiers étaient partis sans s'inquiéter de ce que pouvaient devenir les soldats, ce qui ne contribua pas peu à la débâcle qui eut lieu le lendemain. Chacun alla donc coucher où il put et comme il put.

Le 11 décembre 1870, le général Chanzy adressait à l'intendant général à Vendôme l'ordre télégraphique suivant :

.... Josnes, 11 décembre 1870.

L'armée se portant demain sur Fréteval et Vendôme et pouvant avoir à opérer un certain temps sur cette ligne, il importe de préparer sur ces points des approvisionnements suffisants pour la faire vivre quelques jours.

Le 12, arrivait, conformément à cet ordre, un convoi de 18 wagons de marchandises et le 13, parvenait à l'intendant de la Grandville, installé à Fréteval, l'ordre de faire décharger immédiatement ces voitures et de les envoyer à Vendôme, où elles étaient nécessaires pour d'autres ravitaillements, disait-on.

La Compagnie du chemin de fer retirait au plus vite tout son matériel sur Tours et le Mans, dans la crainte de le voir tomber aux mains de l'ennemi qui approchait. Le 16, du reste, les trois dernières locomotives emmenaient le dernier convoi de Vendôme à Tours et il était temps car quelques heures plus tard l'ennemi aurait pu couper la ligne au nord de St-Amand, le général Barry commençant alors son mouvement de retraite sur Châteaurenault.

Le 13 au soir, on s'occupait ainsi à Fréteval à décharger les 18 wagons de vivres et l'intendant de la Grandville réquisitionnait toutes les lanternes du village et les quelques travailleurs laissés disponibles par la réquisition de l'amiral Jaurès. Ce déchargement fut achevé par la troupe et dans de mauvaises conditions.

Le soir, les distributions se ressentirent du désarroi de l'arrivée. Les hommes se servirent en désordre et gaspillèrent ces vivres cependant précieux que le service des subsistances fut impuissant à protéger. Les hommes ne purent même pas tous profiter de la distribution qui leur fut faite. Mme Desvaux, la mère de l'honorable maire actuel de Fréteval, se souvient que le 14, au matin, des mobiles en quittant sa maison, où ils étaient logés, abandonnèrent d'énormes quartiers de porc salé qu'ils n'eurent pas le temps de se partager ; il est vrai qu'ils ne laissèrent pas non plus les Prussiens qui les suivirent en faire la tranquille consommation.

Ce convoi contenait aussi de nombreuses peaux de moutons destinées au campement. Elles furent en partie perdues, il en traîna pendant plusieurs semaines dans les champs avoisinant la gare. Enfin, quelques pièces de vin réquisitionnées dans le pays et livrées à la gare ne purent être régulièrement distribuées. Nous trouvons chez différents auteurs des récits concordants de la fâcheuse manière dont se firent les distributions.

Le 13 au soir, le bataillon de la garde mobile de Mortain devait camper dans la nuit du 13 au 14 sur les hauteurs gauches de Fréteval. *(R. de Mauny, Historique de la garde mobile de Mortain).* Ce bataillon faisait partie de la brigade du Temple ; or, nous trouvons dans son historien un témoin oculaire : « *Moi-même, dit-il, arrivé déjà sur la route, j'entends dire que tout le bataillon allait redescendre jusqu'à la gare pour prendre du pain et qu'ensuite on se logerait comme on pourrait. On refit le chemin que l'on venait de parcourir et on eut le bonheur de trouver un wagon de pain qui fut mis au pillage.* »

On se rend compte de l'état dans lequel devaient se trouver tous ces vivres, déchargés à quai, sous une pluie battante, bousculés, gaspillés par les corps de troupes qui venaient à la distribution. Enfin, les wagons purent rallier Vendôme et le matin, de bonne heure, l'intendant de la Grandville quittait Fréteval, dont les abords commençaient à se couvrir d'ennemis, il se replia sur Busloup avec son personnel.

D'après les ordres donnés, un bataillon de mobiles, celui de la Loire-Inférieure, aurait dû se trouver à la gare la nuit du 13 au 14, celui-là aussi changea de bivouac, de sorte qu'il ne s'y trouva personne, sauf quelques gendarmes, sous les ordres du maréchal des logis Durand, qui avaient la garde du télégraphe.

En résumé, le 14 vers cinq heures du matin, la situation se trouva être la suivante : le 21e corps échelonné sur les hauteurs de la rive droite avec une brigade en grand'garde sur la rive gauche à hauteur de la ferme de Pallouel ; dans le bourg, l'intendance achève son déchargement de vivres dont les distributions ont manqué d'ordre; enfin, beaucoup d'allées et venues confuses inséparables de l'installation de l'étape d'une armée en retraite par un temps épouvantable; le bataillon de la garde mobile du Calvados est dispersé dans le village.

II

Journée du 14 décembre. — Approche de l'ennemi. — Son occupation du bourg. — Le bataillon de la garde mobile « Finistère-Morbihan » se jette dans la gare. — Combat de jour.

Le 14, vers 6 heures du matin le 1er bataillon (Garde-Mobile de la Manche) passa le pont de Fréteval avec la 2e brigade (général du Temple), ralliant sa division, la 3e (général Guillon), sur les hauteurs de l'autre côté du bourg (1).

Le commandant Rousset s'explique comme il suit sur ce mouvement :

> Le général Guillon commandant la 3e division du 21e corps avait, on ne sait pourquoi, rappelé à lui la 1re brigade, (général du Temple) qui devait défendre les abords de Fréteval.

Il nous semble que le général du Temple n'a pas été rappelé, ce qui serait invraisemblable, mais qu'il a jugé ne pas pouvoir compter sur sa brigade exténuée par la retraite et par une nuit de bivouac désordonné, sous la pluie. Aussi, lorsque le matin l'extrême pointe de l'avant-garde prussienne prit contact avec ses sentinelles, songea-t-il à rejoindre le gros du 21e corps. Il se replia sans réelle résistance. Ce général, officier courageux, était incapable de faire faire front à ses hommes harassés, désunis et démoralisés peut-être par leur isolement sur ces hauteurs d'où l'ennemi pouvait les culbuter dans le Loir. Il semble donc que ces circonstances et non l'ordre du général Guillon provoquèrent le mouvement de retraite de la grand'garde de la rive gauche. Ce qui fut

---

(1) M. de Clinchamp. — *Historique de la garde-mobile de la Manche.*

plus grave et tant funeste, c'est que cette troupe omit de faire sauter le pont aussitôt son passage, même sans en avoir reçu l'ordre.

Le général du Temple aurait dû prendre sur lui cette utile détermination. En coupant le pont derrière lui, il évitait le combat sanglant de la journée et l'affreuse tuerie du soir. Sa négligence mit l'armée de Chanzy en très périlleuse posture.

En 1870, le pont de Fréteval était encore de bois (1), et n'avait qu'une voie, c'est-à-dire, que sa largeur ne permettait pas à deux voitures de s'y croiser.

Il a été remplacé depuis par un large pont de fer dont la silhouette rectiligne vient gâter la perspective de ce coin si charmant du Loir. De la métallurgie au pied d'une ruine féodale du XIe siècle, c'est un disgracieux anachronisme.

A l'ombre de grands aunes, le Loir baigne de *son beau cristal murmurant* quelques iles dont les contours disparaissent imprécis à travers les joncs. Son courant, brisé sur les déversoirs qui se frangent d'écume, anime au passage les puissantes turbines d'une fonderie et la roue mugissante d'un moulin à blé.

Tantôt rapide,

> *Veoys tu le petit Loir comme il haste le pas ?*
> *Comme desià parmy les plus grands il se compte ?*
> *Comme il marche haultain d'une course plus prompte...*
> ....

Tantôt lent,

> *Le Loir, tard à la fuite,*
> *En soi s'esbanoyant*
> *D'eau lentement conduite*
> *Tes champs va tournoyant.*
> .... (2)

---

(1) Le pont de Fréteval est en bois, peu solide, d'un accès difficile surtout pour les voitures, mais c'était un passage important. (Général Chanzy, 2e *Armée de la Loire.*)
(2) *Note de l'Éditeur.* — La 1re citation est extraite d'un sonnet d'Estienne de La Boëtie à Madame de Grammont, la 2e est de Ronsard.

Ses gracieux méandres suivent amoureusemet les sinuosités de la colline, faisant la place si petite au chemin de Morée, dont il semble jaloux, que ce dernier doit, par endroits, mordre le tuf de la côte, sur la crête boisée de laquelle vient finir le plateau de la Beauce.

La route d'Oucques et de Marchenoir en descend par la profonde échancrure naturelle qui coupe ici la ligne du côteau. Telle un nid d'épervier, la vieille forteresse d'Eudes de Champagne, séculaire poteau frontière planté là, aux marches de la Beauce et du Perche, domine ce ravin, sur le flanc duquel serpente le lacet de la route.

Mais reprenons notre récit pour laisser la parole à l'auteur allemand de l'historique du 18e dragons :

> Le 14 décembre, au matin, les Prussiens quittèrent Oucques au point du jour ; le gros composé des 17e et 22e divisions, (Général Grand-Duc de Mecklembourg-Schwerin) à neuf heures ; bien avant lui, l'avant-garde et, avant encore, des patrouilles de dragons. La pointe d'avant-garde était formée par la 2e Cie (Lt von Verthern du 76e), qu'éclairait plus avant un escadron de dragons. Arrivé au parc du château de Rocheux, le second lieutenant von Œrtzen qui était en éclaireur avec son peloton, reconnut que les hauteurs qui se trouvaient devant lui étaient occupées par des postes d'infanterie. La patrouille qu'il envoya en avant reçut quelques coups de feu. En attendant l'arrivée de notre infanterie, l'escadron dût se contenter d'observer l'ennemi.

C'est à ce moment que la brigade du Temple se replia et l'auteur français, M. de Clinchamp, est d'accord avec l'allemand car il dit :

> L'ennemi arriva à la ferme, sur la route d'Oucques-Pallouel que nous venions de quitter, deux heures après notre départ. Les Prussiens occupèrent Fréteval où ils entrèrent par le pont qu'on avait oublié de couper.

Il était donc, à ce moment, huit heures et demie du matin ou neuf heures au plus. Le général auxiliaire

Stephani (2e division, 2e brigade), cantonné au Plessis, avait heureusement été informé de ce qui se passait devant sa ligne de défense.

Il donna l'ordre au commandant Rigalleau, chef du bataillon de la Garde mobile « *Finistère-Morbihan* » (1), de se porter en toute hâte à la gare de Fréteval, de renforcer le bataillon de la Loire-Inférieure qu'il y croyait cantonné dans les wagons dont il ignorait la retraite sur Vendôme.

Le commandant obéit; en arrivant à la gare il ne trouva ni wagons, ni mobiles de la Loire-Inférieure, mais quelques gendarmes seulement, et des pillards qu'il fit appréhender.

Il apprend du chef de gare qui partait, que l'ennemi est signalé, qu'il arrive, que le pays est abandonné de la plupart des habitants pris de panique et que ces derniers conduisent leurs bestiaux dans la forêt de la Gaudinière, sage précaution.

En présence de ces graves nouvelles et de ces faits non prévus par le général, le commandant retourne au Plessis, pour l'en informer. Le général Stephani le renvoie à la gare avec l'ordre de s'y retrancher et de s'y défendre jusqu'à la dernière extrémité.

On ne s'explique pas pourquoi ce général se borna à n'envoyer qu'un seul bataillon pour défendre ce point important de la possession duquel dépendait, pour le moment, le salut de toute l'armée. Les Bretons se montrèrent heureusement à la hauteur de leur mission.

Il était environ dix heures quand la gare fut définitivement réoccupée. Les Allemands avaient aussi gagné du

---

(1) Ce bataillon avait été formé de 7 compagnies de dépôt ; 5 compagnies du Finistère, Brest, Morlaix, Chateaulin, Quimper, Quimperlé. 2 compagnies du Morbihan, Lorient, Vannes-Pontivy. Les commandants des compagnies étaient pour le Finistère, MM. les capitaines Gourmelon, Cadiou, Blaise, Gohin de Charné et Jacquey; pour le Morbihan, MM. Hecquart et Fournier. M. Gohin de Charné est le seul survivant connu aujourd'hui.

terrain car « *lorsque les postes français de la rive gauche se furent repliés devant l'infanterie prussienne, le lieutenant von Œrtzen entra avec une partie de son peloton de dragons dans la ville de Fréteval qu'il traversa. Il trouva dans la gare, située de l'autre côté de la ville, un convoi composé d'une grande quantité de marchandises et gardé par une escorte de 20 à 30 hommes qui, dans les premiers moments, tentèrent de se défendre mais qui ne tardèrent pas, sur la sommation que leur fit le lieutenant Œrtzen, à déposer les armes et à se rendre. Pendant que cet officier était occupé à s'assurer de ces hommes, une compagnie ennemie survenant tout à coup, l'obligea à relâcher les prisonniers et à se retirer rapidement.*

Sur les indications du lieutenant Œrtzen notre compagnie d'avant-garde entra dans Fréteval et s'y fortifia; les autres compagnies l'y rejoignirent bientôt. » (Historique du 18ᵉ dragons, p. 139. — 2ᵉ Mecklembourgeois, 1ᵉʳ lieutenant de Unger, 1892, Berlin).

C'est sur ces entrefaites, en effet, que le bataillon « *Finistère-Morbihan* » revenait pour la deuxième fois occuper la gare et voici le passage du récit de son historien le commandant Rigalleau lui-même :

Enfin, vers dix heures du matin, j'arrive pour la deuxième fois à cette gare de Fréteval. Mon bataillon (7ᵉ compagnie, effectif 760 hommes) est seul, bien seul. A son arrivée il met en fuite les dragons en assez grand nombre qui occupaient déjà la gare des marchandises où ils venaient de désarmer et de faire prisonniers les dix gendarmes commandés par le maréchal des logis Durand.

Ce premier fait de la journée est vérifié par d'autres historiens, ce qui donne au reste une garantie de sincérité.

Les dragons donc se sont retirés dans le bourg, emmenant seulement les chevaux des gendarmes délivrés, cependant que leurs sauveurs se fortifient à la hâte dans les différents bâtiments de la gare. Une compagnie s'abrite derrière le talus à l'ouest et une section vient se placer en potence dans une maison perpendiculaire à la direction du chemin de fer. Cette maison et sa voisine existent encore toutes criblées de balles. Le propriétaire a respecté les mutilations de ses immeubles, en souvenir de cette journée à laquelle il a assisté lui-même, habitant déjà là, au moment de la guerre.

Les Bretons utilisent les ballots de marchandises pour faire une barricade derrière laquelle ils se retranchent en attendant l'ennemi qui de son côté prend rapidement ses dispositions pour l'attaque.

L'heure est solennelle :

Le 1er bataillon du 76e (2e hanséatique) occupe Fréteval et le lieutenant-colonel de Boehm ordonne à la 1re compagnie (lieutenant de Hornemann) d'atteindre par le nord-est le cimetière et de diriger de ce point une attaque contre la gare.

Le lieutenant de Hornemann après avoir atteint le cimetière déploya sa compagnie et s'avança, mais sur ce terrain absolument découvert un feu des plus violents et bien dirigé arrêta net cette marche en avant et fit échouer l'attaque (*Niemann Wilfrid*).

Cette compagnie allemande dut rentrer dans le cimetière et s'y retrancher, renonçant à une attaque de front.

Un autre auteur, Steinberg (1) (*Historique du 76e*) raconte le même fait :

La deuxième compagnie (*lieutenant von Verthern*) traversa Fréteval pour aller occuper la gare. Elle est arrêtée net par un feu de chassepots très nourri qui rend impossible toute marche en avant. Tandis que la 4e et la 2e compagnies retranchées dans la ville, front nord, dirigent le feu sur la gare, la 1re compagnie (*lieutenant von Hornemann*) manœuvre pour atteindre la partie nord-est. Le point décisif serait de gagner la gare, mais l'aborder de front est de toute impossibilité. Le lieutenant-colonel de Boehm cherche à y arriver d'une autre façon. Il ordonne au

(1) Médecin major.

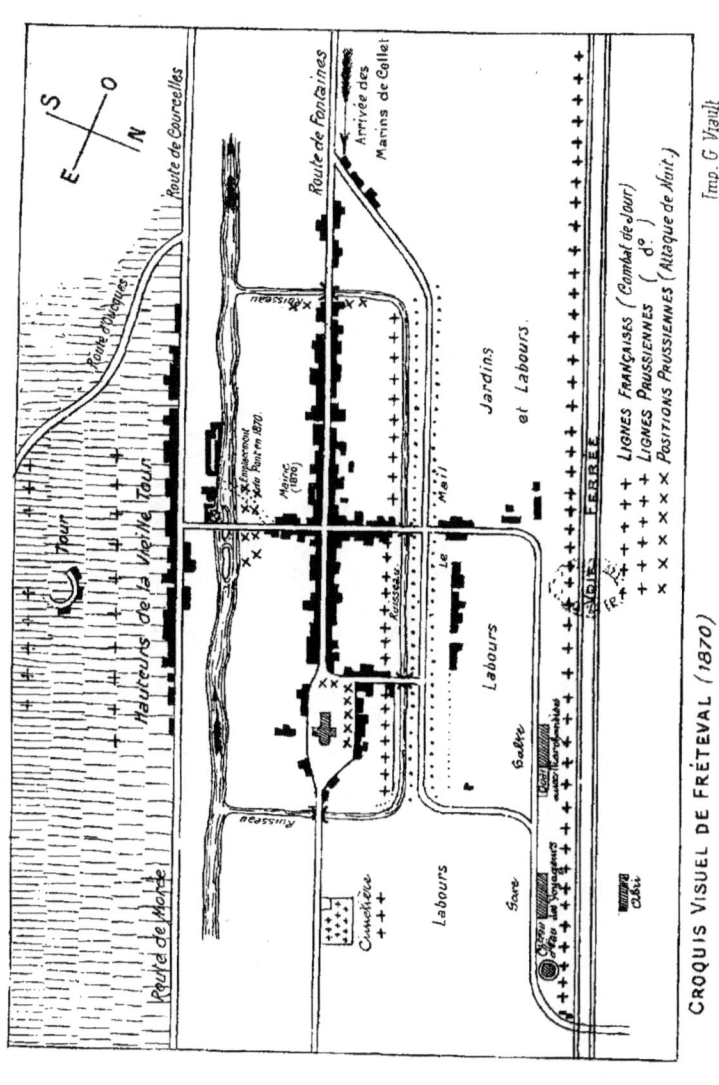

CROQUIS VISUEL DE FRÉTEVAL (1870)

lieutenant de Hornemann de prendre position dans le cimetière et de tenter, de là, d'atteindre la gare située à cent pas à peine.

Avec courage, pour accomplir leur devoir, les hommes s'élancent en avant sur ce terrain plat. L'ennemi les reçoit par des milliers de coups de feu. Bientôt un grand nombre de morts gisent sur le sol. Il est impossible de se maintenir sous cette fusillade meurtrière. Force est de regagner le cimetière et de s'abriter derrière les tombes. (1)

Les Prussiens se retranchent donc dans le cimetière et dans les bâtiments qui font face à la gare à 200 mètres environ du front de l'aile gauche du bataillon des Bretons, la fusillade est des plus vives, tous les fils télégraphiques sont coupés par les balles.

La cavalerie prussienne, restée un moment dans le bourg, doit se retirer sous le feu de la compagnie du capitaine Cadiou placée à la droite de la formation du bataillon. Cependant, les Prussiens sont bientôt renforcés par deux autres bataillons qui s'établissent sur la crête du côteau, en même temps qu'un duel d'artillerie s'engage entre deux batteries prussiennes et nos canons placés au Plessis.

Des deux côtés le tir mal réglé est vif, mais peu efficace. Les projectiles allemands viennent tomber dans la plaine qui sépare la gare du pied du côteau, sur la crête duquel passe la route de Vendôme à Chartres et où ne se trouve personne. Les obus s'enfoncent dans la boue sans éclater.

L'un deux cependant, vint s'abattre non loin d'une compagnie de la garde mobile du Calvados placée en soutien d'artillerie du côté du Plessis. Cette compagnie

---

(1) Tous les auteurs sont d'accord sur la situation qu'occupaient à la gare les défenseurs.... *L'ennemi avoit pris rapidement une très forte position au point du chemin de fer. Il avait établi sa défense à l'aide de matériaux.* (Schapers, 17e division).

A l'aide de barricades formées de ballots de marchandises, l'Infanterie ennemie en forces bien supérieures avait fortifié cette position déjà très avantageuse par elle-même. (Niemann, le 76e d'Infanterie.)

Les Français se trouvaient dans une position de front, retranchés dans la gare et ses dépendances. (Steinberg 76e Régiment).

L'ennemi, de son côté, occupait immédiatement en face les talus du chemin de fer et dirigeait sur la ville un feu des plus meurtriers qui nous mit dans l'impossibilité complète de nous porter en avant (de Unger, 18e dragons).

eut quelques morts qui furent enterrés sur place. Leurs corps ont été relevés depuis car il ne reste plus dans le village aucune trace de sépulture (1).

Cette compagnie du Calvados rentra le soir à son cantonnement qui était au Puits-Souriau (2).

Les obus français viennent tomber dans le côteau de la rive gauche et n'atteignent personne. Quelques uns s'abattent sur la fonderie, M. Jouanneau qui l'occupait alors avec M. Bruère, avait fait réfugier ses enfants près du haut-fourneau, c'était en effet l'organe de l'usine le plus invulnérable à cause de la solidité et de l'épaisseur des parois. Vers midi, c'est à dire au début de l'intervention de l'artillerie ennemie, une maison de la Montballière, la maison Bellanger prit feu et fut complètement détruite. Les opinions sont partagées sur les causes de ce sinistre, les uns l'attribuent aux obus des Allemands, les autres à l'imprudence de mobiles qui y avaient passé la nuit. La première hypothèse nous paraît la plus vraisemblable car cette maison contenait beaucoup de fourrages et si le feu avait été mis par un fumeur, en admettant même qu'il y eut encore parmi les pauvres « *moblots* » des privilégiés munis encore de tabac, le feu n'aurait pas tardé cinq ou six heures à éclater. Ce qui milite en faveur de la première hypothèse c'est que la maison Bellanger reçut réellement quelques projectiles.

(1) **Le père d'une de ces victimes vint après la guerre rechercher son malheureux enfant ; quand on l'exhuma la mort avait encore respecté son cadavre que l'on retrouva à fleur de terre enveloppé de sa capote. Le pauvre père embrassa son fils qu'il reconnut aussitôt. Nous avons rencontré au Plessis un témoin de cette émouvante reconnaissance.**

(2) *Historique de la 17ᵉ division, Général de Treskow von Ludwig Schaper.* — Contre l'ennemi protégé dans les dépendances du chemin de fer, le général major von Kottwitz établit la 2ᵉ batterie lourde vers la ferme de Pallouel et lui fit ouvrir le feu.

Historique du 9ᵉ d'artillerie de Schleswig In-8, 1891. Sprotte (Hauptmann and Batterie chef), Berlin 7 marks, 50 pf. — Ordre fut donné d'occuper Fréteval et si possible la gare et ses dépendances.... un feu violent d'infanterie nous arrêta net quand nous voulûmes marcher sur la gare.... vers une heure la 6ᵉ batterie lourde et la 6ᵉ batterie légère prirent position près de la ferme de Pallouel et ouvrirent le feu contre l'infanterie ennemie. La 6ᵉ batterie lourde tira 211 coups et la 6ᵉ légère 197 coups, page 190.

Son propriétaire reçut après la guerre 5.000 francs à titre d'indemnité comme en font foi les documents conservés par M. Bruère.

Vers une heure et demie, la dernière section de droite du front de bataille des Mobiles fléchit, cette section était commandée par un jeune sous-lieutenant nommé à l'élection. Il ne parvint pas à la maintenir en ligne. Elle se replia à 500 mètres en arrière de sa position primitive (1). L'énergie du commandant Rigalleau heureusement servi par le sang-froid du sous-officier de gendarmerie Durand parvient à rallier cette section qui reprend courageusement sa place.

Les chassepots couchent par terre beaucoup de Prussiens dont le feu, quoique moins meurtrier, éprouve aussi beaucoup les nôtres; à deux heures, M. Ollivier, sous-lieutenant, placé à la gare des marchandises est tué raide d'une balle entre le nez et la bouche. Le capitaine de la même compagnie a, au même moment, la visière de sa casquette traversée d'une balle qui heureusement ne fait que lui effleurer le front. Le bataillon comptait déjà quinze morts et une soixantaine de blessés.

Les Prussiens s'efforcent à ce moment d'envoyer du renfort dans le bourg même, mais il leur faut, pour cela, descendre par la route d'Oucques ; or, elle se trouve exposée au feu des mobiles dont le tir est particulièrement précis, aussi, sont-ils obligés de prendre un autre chemin, ce qui retarde beaucoup leur mouvement. L'adjudant-major von Grumeau qui veut descendre par la route est grièvement blessé et son cheval tué. En essayant d'aller le chercher un sous-officier est tué raide.

A quatre heures, le lieutenant von Stienberg qui veut

---

(1) Bientôt on remarqua qu'une section des forces ennemies battait en retraite et cessait de faire front en se retirant de l'autre côté de la voie ferrée. (*Niemann*).

aussi tenter de descendre par là, est tué d'une balle à la tempe, comme on voit la route est bien gardée (1).

Du renfort parvint cependant aux Allemands, ce fut celui du 2e bataillon du 76e régiment (5e, 6e, 7e et 8e compagnies) et le bataillon de fusiliers du même corps (9e, 10e, 11e et 12e compagnies) ce qui portait à trois mille environ, le nombre des assaillants dans le village. En même temps, le 75e s'établissait sur les hauteurs du côté de la ferme de Pallouel et participait à la lutte avec l'artillerie (2) qu'il soutenait.

Il nous a paru intéressant de placer la traduction de ce que dit Sprotte (capitaine commandant de batterie) dans l'historique du 9e d'artillerie de Schlewig (1891-Berlin).

Vers midi, les dragons qui marchaient en éclaireurs à l'avant-garde du gros, annoncèrent qu'ils avaient, sans rencontrer de résistance, pénétré dans Fréteval, mais qu'à l'ouest de cette petite ville, occupant la gare pleine de provisions, l'ennemi les avait accueillis par la fusillade. Ordre fut aussitôt donné d'occuper Fréteval, petite ville située dans une vallée sur la rive droite du Loir et de s'emparer, si toutefois cela était possible, de la gare et de ses dépendances. La 2e compagnie de tête du 76e qui formait l'avant-garde, occupa sans éprouver de pertes toute la partie nord-ouest de Fréteval, mais quand elle voulut se porter plus avant un feu violent d'infanterie l'arrêta net. Deux nouvelles compagnies pénétrèrent alors dans la ville et sous la protection de l'autre, l'une de ces compagnies atteignant la partie nord de la ville s'y déploya complètement, faisant front aux troupes françaises postées

---

(1) STEINBERG, le 76e. — Les Français se trouvaient dans une position de front retranchés dans la gare et ses dépendances. Ils dirigèrent de ce point un feu épouvantable qui fit reculer les Prussiens. Dans la descente vers la ville des 5e et 6e compagnies, des blessés et des morts gisent à terre, on les enjambe sans pitié, sans prêter aucune attention à leurs cris d'agonie et dans un désordre inexprimable. On dégringole le long du sentier caillouteux. Il semble que nous marchons à l'Enfer! p. 266-269.

NIEMANN. — Pour faire descendre les compagnies de renfort dans Fréteval, on évita de prendre la route trop commandée par le feu de l'ennemi. On choisit un ravin assez raide qui se trouvait sur le côté ouest de la route et qui cachait le mouvement à l'ennemi.

STEINBERG. — La 9e compagnie descend des hauteurs avec son courageux lieutenant Stienberg qui est frappé d'une balle, tandis que les hommes se précipitent au pas de course jusqu'au pont. Une grande confusion règne parmi les Prussiens. Ils ont besoin de renfort, leurs compagnies fondent sous le feu de l'ennemi.

(2) Vers midi le 1er bataillon du 75e (1er hanséatique) vient prêter son appui. Il s'établit au sud-ouest de Fréteval vers les hauteurs de la crête de la ferme de Pallouel avec le bataillon des fusiliers de ce régiment. Le 2e bataillon reste plus en arrière comme réserve. (Gottschlind, historique du 75e d'infanterie).

dans la gare et ses dépendances et qu'une colonne ennemie descendant des hauteurs s'apprêtait à renforcer. Vers une heure, le général de Kottswitz ordonna à la 6ᵉ batterie lourde et à la 6ᵉ batterie légère de prendre position près de la ferme de Pallouel et d'ouvrir le feu sur la colonne ennemie qui se préparait. Mais tout aussitôt, de l'autre côté de la hauteur, plusieurs batteries ennemies prirent position et envoyèrent dans notre direction force obus et schrapnels. Les batteries ennemies étaient établies à 3.500 pas environ. A cette distance, comme nous ne pouvions rien contre elles, nous dirigeâmes notre feu principalement sur l'infanterie ennemie. Bien que tombant sur un terrain excessivement mou, le tir de l'artillerie ennemie n'était point sans causer de grands dommages à nos batteries. Parmi celles-ci les pertes furent de deux chevaux pour la 6ᵉ batterie lourde et de six chevaux pour la 6ᵉ batterie légère. Cette dernière eut en outre un conducteur (Gibbert) blessé. L'ennemi qui se trouvait en grand nombre posté sur les hauteurs paraissait, dans cette situation extrêmement favorable pour lui, vouloir s'opposer à tout prix à notre marche en avant.

De son côté, vers Morée, le détachement du général von Rauch, avait rencontré une forte résistance. Trois batteries ennemies qui se trouvaient sur la rive droite du Loir accueillirent par leur feu, le 17ᵉ dragons qui avait été envoyé en reconnaissance. La 1ʳᵉ batterie à cheval, renforcée plus tard par la 5ᵉ batterie lourde prit position à 3.200 pas à l'ouest de la « Charronnière » et engagea le combat avec les batteries ennemies parmi lesquelles se trouvait une batterie de très gros calibre.

Sur l'ordre du général de Treskow deux batteries du gros, s'établirent au nord de « la Montpitière » et les attaquèrent en flanc. Malgré l'énorme distance, le résultat fut des plus heureux. Deux caissons sautèrent et l'on vit, à la retraite sur Fréteval, deux canons désemparés que les Français vinrent chercher plus tard avec de nouveaux attelages.

Pendant ce temps l'avant-garde qui, sur l'ordre du général de Treskow avait exécuté une reconnaissance sur la route « Champlain-Fréteval » entra en ligne sur « Courcelles-Pallouel », et la 5ᵉ batterie légère ouvrit le feu contre une position près Courcelles (sur Fontaine).

L'état des routes était tel qu'à la 1ʳᵉ batterie à cheval les servants furent obligés de prendre les bottes des conducteurs qui durent se contenter en échange de leurs souliers. Le sous-officier Ehms fut légèrement blessé d'un éclat d'obus et nous eûmes en plus deux chevaux tués. Il y eut 926 coups de canon tirés durant cette journée. p. 190.

Le combat est ardent, les Bretons tiennent toujours bon et refusent d'entendre parler de retraite ; ils se feront tuer jusqu'au dernier, le commandant le déclare à l'officier d'ordonnance du général qui est venu aux nouvelles. Cet officier repart aussitôt à cheval informer son général de ce qui se passe, par miracle il n'est pas atteint dans la traversée de la plaine par les balles ou les obus qui font rage.

Une heure après, le capitaine Cadiou reçoit deux blessures, une à l'épaule gauche, l'autre au poignet droit. Il n'en mourut pas, par bonheur, et fut décoré après la guerre.

Il était environ trois heures, lorsqu'au Plessis on songea enfin à envoyer du renfort. Le bataillon de la Loire-Inférieure arriva le premier, mais le feu de l'ennemi ne lui permit pas d'approcher de la gare, il resta embusqué dans les fossés de la route hésitant à braver la mitraille que vomissait sur lui l'artillerie établie à la ferme de Pallouel. Seuls, son commandant, M. de Bausset et deux capitaines suivis par une soixantaine d'hommes parvinrent à la gare.

En arrivant le commandant de Beausset est précipité à terre par son cheval qu'une balle tue raide. Il n'a pas le temps de placer les quelques hommes qui l'ont suivi qu'il reçoit lui-même une balle dans le bras droit. Le commandant Rigalleau le ligature avec son mouchoir, car il n'y a aucun médecin avec les combattants. Ce pauvre officier est ainsi mis hors de combat avant d'avoir pu agir et son bataillon qui s'est replié n'atteindra la gare qu'à la chute du jour.

En même temps que le jour baisse, les combattants de part et d'autre commencent à être exténués, les munitions aussi tirent à leur fin des deux côtés. En effet, Niemann dit dans son historique du 76e régiment :

> Le jour tombait et malgré cela la lutte se poursuit avec acharnement à tel point que les compagnies du 1er bataillon qui, sans arrêt, étaient engagées depuis le début de l'action se trouvaient à bout de munitions

et presque dans l'obligation de cesser le feu. Force fut alors de faire avancer la voiture à cartouches et de renouveler les munitions (1).

Cependant les officiers de la garde mobile de la Loire-Inférieure parvinrent à rallier encore quelques-uns de leurs hommes dont ils renforcèrent la compagnie qui défendait la gare des marchandises.

A ce moment, les Prussiens commencent à lâcher pied et à se replier dans le bourg. Niemann vérifie ainsi le fait.

> Entre temps, dit-il, l'ennemi était parvenu à concentrer plus de forces encore derrière la voie ferrée et dans la gare.

Enfin, les derniers coups de fusil sont tirés, la nuit étend ses voiles sur le théâtre de cette affreuse fusillade, l'horreur du spectacle disparaît dans les premières ténèbres d'une nuit qui doit favoriser une pire hécatombe.

Les cadavres prussiens marquent par leur nombre les points où pendant l'action se sont concentrés leurs efforts.

Le bataillon des mobiles *Finistère-Morbihan* seul a eu la gloire de la journée avec des pertes sérieuses : trente morts dont un officier et cent dix blessés dont trois officiers soit un cinquième de son effectif.

Vers cinq heures, à la nuit noire, le colonel Michaud arrive à la gare avec son bataillon de marins relever celui du commandant Rigalleau qui, n'en pouvant plus, rentre au Plessis où on lui donne quelques bâtiments pour se reposer et faire la soupe. Ces hommes depuis six heures du matin n'avaient pris aucune nourriture.

Ils abandonnèrent leurs morts et leurs blessés à l'intendant Baratier qui arrivait avec des fourgons. On ne

---

(1) L'infanterie dans Fréteval n'en peut plus et je n'ai pu la relever parce que l'entrée du village est complètement battue par le feu de l'ennemi posté dans la gare. *(Général de Treskow à Frédéric-Charles).*

releva que les blessés, les morts furent apportés sur le trottoir de la gare et y restèrent jusqu'au lendemain.

Différents historiens ou orateurs mal informés, semble-t-il, ont attribué la gloire ce cette journée aux mobiles de la Loire-Inférieure. Cependant ils ne sont arrivés qu'après l'affaire et avec hésitation. Le récit du commandant Rigalleau en fait foi ; il se trouve vérifié par l'extrait suivant d'une lettre du général Jaurès au général Chanzy (1).

Le bataillon de la gare fut renforcé du bataillon de la Loire-Inférieure, puis d'un bataillon de marins qui releva le 1er bataillon. L'officier qui commandait le bataillon de la Loire-Inférieure fut blessé, son bataillon se replia en partie.

Voilà donc un point d'histoire qui semble bien établi, Le *Souvenir français* s'honorera en faisant sur le mausolée commémoratif de Fréteval une place aux courageux Bretons que la postérité menaçait d'oublier.

Afin de n'être pas accusé d'exagération chauvine nous laissons au témoin oculaire allemand, le lieutenant von Unger, le soin de juger la journée :

L'énergie déployée en cette journée par les Français nous fit supposer que nous nous trouvions en présence de troupes fraîches et nombreuses. (*Historique du 18e dragons. 2e Mecklembourgeois*, 1892, in-8, Berlin, Mittler, 9 marks).

Dans la lettre qu'il adresse au prince Frédéric-Charles, le général de Treskow avoue comme pertes cinq officiers et cent trente-six hommes sans compter les disparus qui furent enterrés le 15 par les soins du maire de Fréteval et que les Prussiens ne purent relever eux-mêmes. Ce chiffre doit être atténué car il comprend aussi les pertes subies devant l'extrême gauche, tel, il témoigne suffisamment de la gravité du choc.

Du côté de Morée, en effet, les Français conservaient

(1) *2e Armée de la Loire*, p. 515. Cette lettre est analysée et critiquée d'autre part

aussi leurs positions. Le général Rousseau avait énergiquement barré le pont de Saint-Hilaire aux colonnes ennemies qu'il avait refoulées jusque dans les vignes du côteau de la rive gauche.

La journée du 14 fut une des plus glorieuses et des plus heureuses de toute la campagne de la deuxième armée de la Loire.

Après cette affaire les bâtiments de la gare conservèrent un certain temps les traces de la fusillade. Tout ce qui était de bois avait été haché ; dans les chambres régnait la plus grande dévastation, le sol et les parquets étaient couverts de sang ; dans une pièce de la façade sud, s'offrait aux yeux le plus angoissant spectacle : au pied d'un mur, une mare de sang coagulé et le long des parois, l'empreinte sanglante de mains qui s'y étaient cramponnées.

La compagnie du chemin de fer ne fit recrépir les murs qu'en 1872, on lui avait prêté l'intention de conserver le souvenir de l'héroïque résistance dont la gare avait été le théâtre. Elle abandonna, par la suite, ce projet et se décida à faire disparaître toutes les traces de balles, ce qui constituait un souvenir glorieux, il est vrai, mais aussi bien affligeant (1).

(1) Le journal la Sarthe dans son numéro du 4 janvier 1871 publiait un article qu'il déclarait tenir du Journal de Rouen sur les événements de Fréteval. Nous le citons textuellement à titre de document contemporain :

Le Bataillon Finistère. — « Le 14 décembre à 10 heures du matin le bataillon des mo-
« biles du Finistère-Morbihan commandé par M. Rigalleau et campé au Plessis à environ
« 1.500 mètres de Fréteval reçut l'ordre de se rendre à la gare occupée par les uhlans
« qui venaient de désarmer cinq ou six gendarmes. A peine arrivé le commandant plaça
« les compagnies dans la gare principale, la gare des marchandises et derrière des
« caisses à biscuits et des sacs de café avec lesquels il fit faire des barricades reliant
« les deux gares.

« Une fusillade très vive commença aussitôt de part et d'autre ; les Prussiens embus-
« qués dans le cimetière et les maisons qu'ils avaient crénelées nous firent subir des
« pertes cruelles. Malgré les balles qui pleuvaient autour d'eux, les braves Bretons tin-
« rent bon jusqu'à cinq heures du soir, heure à laquelle les marins, commandés par M.
« Michaud vinrent les relever.

« Le Bataillon du Finistère a eu dans cette affaire un officier et vingt hommes tués,
« trois officiers et soixante-dix-neuf hommes blessés plus quatorze disparus. Les Prus-
« siens malgré leur position plus avantageuse ont néanmoins perdu beaucoup de monde.

« Le lendemain matin, le bourg repris par nos troupes était encore rempli de cadavres

III

Attaque de nuit.
— Les marins de la brigade Collet. — Les Prussiens restent maîtres de Fréteval, mais évacuent le village après la retraite des marins.

L'amiral Jaurès, commandant le 21e corps, justement inquiet de voir le pont rester aux mains des Prussiens, donna l'ordre, vers les cinq heures du soir, de préparer immédiatement une attaque pour les déloger du bourg.

Il fut décidé qu'elle serait faite par le capitaine de frégate Collet, commandant la brigade de réserve, de concert avec le capitaine de frégate du Temple, commandant la 2e brigade de la 3e division. Le premier devait attaquer par l'ouest et le second par l'est, appuyés tous les deux par le bataillon de marins du colonel Michaud installé dans la gare.

Le commandant Collet, homme du plus grand courage et de la plus fougueuse énergie, prit seulement avec lui son bataillon de fusiliers marins campé sur les hauteurs du Plessis.

Ce bataillon était commandé par le lieutenant de vaisseau Lot (1) ayant pour adjudant-major le lieutenant de

---

« ennemis ; eux, cependant, s'étaient empressés, pendant la nuit, de faire disparaître la
« plupart de leurs morts et blessés.
« On prétend que sur les morts prussiens on a trouvé des livrets russes.
« Le Bataillon Finistère s'est déjà signalé, il y a quelques semaines, au combat de La
« Madeleine Bouvet, près Bretoncelles. Pendant une heure, il résista au choc de huit
« milles Prussiens et eut une compagnie presque entièrement détruite. Pour ce fait il fut
« complimenté par le général Rousseau et mis à l'ordre du jour. »
(1) Le lieutenant de vaisseau en retraite Lot figure encore sur l'annuaire national de 1902 comme officier de la Légion d'honneur. M. Lot est originaire de Lorient où son père professait les mathématiques au cours de marine du lycée de cette ville. Il fut promu officier de la Légion d'honneur au *Moniteur universel*, (Edition de Tours-Bordeaux), n· du 10 janvier 1871.

vaisseau Denans. La 1ʳᵉ compagnie était commandée par M. Maurice de Boysson, enseigne ; la 2ᵉ par M. Borel de Brétizel, enseigne ; la 3ᵉ par M. Magouet de la Magouesserie, enseigne ; la 4ᵉ par M. de Barbeyrac, enseigne.

Le capitaine de frégate Collet, quoique général auxiliaire, voulut néanmoins prendre lui-même le commandement de cette fraction préférée de sa brigade.

Afin de mieux masquer son mouvement, il ne descendit pas directement du Plessis, mais suivit la route de Tours jusqu'à Fontaine, d'où il revint sur Fréteval, alors que l'ennemi commençait à y occuper tranquillement les maisons pour passer la nuit. Quant à la brigade du Temple, campée du côté de Saint-Hilaire, elle ne parut pas. On n'a trouvé aucun récit, ni historique qui fasse mention de son rôle dans cette circonstance. Cette brigade était celle qui s'était repliée le matin devant les patrouilles ennemies, il semble que le soir, son chef n'a pas pu davantage l'entraîner au feu, toujours est-il qu'elle n'a pas paru.

Certains auteurs ont prétendu que le commandant Collet avait été emporté par sa témérité, qu'il avait lancé ses marins à l'assaut avant l'heure convenue, ce qui avait compromis le résultat de l'attaque. Pieux mensonge, semble-t-il, pour dissimuler des défaillances et qui n'a pu être démenti, le brave Collet ayant, un des premiers, trouvé la mort dans les rues de Fréteval. En admettant même cette hypothèse, la brigade du Temple aurait néanmoins dû arriver, tôt ou tard, appuyer les premiers assaillants.

On ne conteste pas, car c'est fort plausible, que les marins aient précipité leur attaque. Leur bataillon se composait d'hommes aguerris et exaspérés par une retraite qui les avait privés depuis une quinzaine de jours, de l'occasion de se trouver en face des Prussiens.

Enfin, l'esprit de corps, si vivace dans la marine, les sollicitait aussi à donner un exemple à tous les bataillons démoralisés qui les entouraient. C'est certainement dans cet état d'esprit que tous ces vieux loups de mer arrivèrent aux premières maisons de Fréteval et qu'ils s'engagèrent dans le bourg.

Le village est percé de deux rues assez droites qui se coupent perpendiculairement. L'une dans l'axe du pont parallèle à la ligne nord-sud, le pont étant l'extrémité sud et la ligne du chemin de fer dans la direction nord. L'autre rue est parallèle à la ligne ouest-est, l'ouest étant du côté de Fontaines et l'est ayant pour point extrême l'église. Enfin parallèlement à la rue ouest-est, une autre voie presque sans maisons, sorte de mail planté d'arbres, coupe aussi la ligne nord-sud un peu au nord de la précédente. A cent mètres environ au nord de ce dernier carrefour, la rue nord-sud tourne brusquement à l'est dans la direction de la gare et en bordure de la voie ferrée. Comme on voit la topographie du pays n'est pas compliquée et ne comprend que deux carrefours.

Les Prussiens occupaient surtout la partie est, elle fait plus immédiatement face à la gare, sur laquelle s'étaient vainement concentrés tous leurs efforts de la journée. C'est pourquoi les marins arrivèrent aux premières maisons du côté de l'occident sans être remarqués.

En l'absence d'historiques français, nous sommes obligés de puiser aux sources étrangères. Nous donnons à titre de document le passage de l'historique de Niemann Wilfrid, capitaine au 76e Prussien qui reçut le choc des marins. Quoique aucun récit français ne vienne en rectifier la naturelle partialité, cette page de Niemann donne une impression de l'affaire que des renseignements recueillis sur place ont permis de compléter comme on verra plus loin.

Voici le texte allemand :

Le commandant du corps d'armée, le général Jaurès, ordonna, vers le soir, de tenter la reprise de Fréteval. Le lieutenant-colonel du Temple, (commandant la 2e brigade de la 3e division) fut chargé de cette opération avec 4 bataillons et les marins du commandant Collet.

Sur le déclin du jour, la fusillade qui s'était progressivement ralentie avait cessé complètement. Malgré cela le lieutenant-colonel von Boehm qui était au nombre de ceux qui se trouvaient immédiatement en face de l'ennemi, avait ordonné à tout le monde de conserver ses positions : c'est ce qui fit que nous nous trouvâmes tout prêts quand l'attaque des Français se produisit (1).

Vers sept heures du soir, tandis que du côté des dépendances de la voie ferrée l'ennemi dirigeait une violente mais courte fusillade sur Fréteval, simultanément vers la sortie sud-ouest se produisit un grand tumulte : on battait la charge, des voix criaient : En avant ! et on entendit des coups de feu.

Les marins qui se trouvaient en tête de cette colonne d'assaut (2) rencontrèrent d'abord une section de la 11e compagnie qu'ils refoulèrent et pénétrèrent dans la ville.

Le 1er lieutenant von Verthern qui se trouvait tout près de la position perdue, accourut aussitôt avec sa compagnie, la 2e, pour rallier le détachement et l'aider à repousser ou arrêter les Français. Mais cette tentative n'eut aucun résultat, le détachement trop faible ne pouvait contenir la foule des assaillants.

Juste à ce moment critique, il reçut du renfort. Le lieutenant-colonel von Boehm, envoyait au pas de course la 9e compagnie sous les ordres du lieutenant Brandès pour lui venir en aide.

Au centre même de la petite ville, au point où les quatre routes se joignent en croix, les deux compagnies se rencontrèrent. La 2e compagnie occupait le front nord de Fréteval, la 9e était postée à la tête du pont.

Les Français hésitèrent et par suite laissèrent à nos officiers le temps de prendre leurs dispositions. Rapidement, le lieutenant von Verthern et le lieutenant von Brandès se fortifièrent dans plusieurs maisons tandis que derrière, à l'abri, ils plaçaient leurs hommes en rangs serrés.

Comme à ce moment, après un court arrêt, l'ennemi qui poussait des cris ininterrompus tirait sans discontinuer et s'avançait, le 1er lieute-

---

(1) Ceci est inexact, lorsque les premiers coups de feu partirent dans le bourg, la plupart des soldats Prussiens étaient occupés à préparer leur repas. Un officier installé chez Mme Desvaux avait à peine pris les premières bouchées qu'il dût se précipiter sur ses armes qu'il avait abandonnées et sortir rapidement ; elle ne le revit plus.

(2) Il n'y avait que des marins, cet auteur qui a dû lire le rapport postérieur du général Jaurès n'est pas fâché de laisser croire, avec toute vraisemblance historique pour lui, que son bataillon a résisté à toute une brigade.

nant von Verthern fit faire à ses hommes une conversion sur la route et, à soixante pas, ordonna un feu de salve sur quatre rangs contre ceux qui approchaient.

Le résultat fut heureux, momentanément, la charge s'arrêta.

Mais bientôt de nouveaux cris : « En avant ! » retentirent et il se produisit sur la route un tumulte tellement effroyable que, les ténèbres épaisses empêchant de rien discerner, on n'entendait que les imprécations et les râles des mourants.

De nouveau, les Français s'approchèrent du point de croisement des routes et nos deux compagnies firent ensemble un autre feu de salve qui annihila l'attaque.

Deux fois ils revinrent à la charge et à deux fois ils furent repoussés de la même façon, jusqu'au moment où les coups de feu s'arrêtant et les cris cessant, on put constater les résultats de ce qui venait de se passer.

La route était remplie de rangs entiers de soldats tués ou grièvement blessés. Le chef de la colonne d'assaut, l'officier de marine Collet, son adjudant-major et plusieurs autres officiers se trouvaient au nombre des morts. Les autres en foule compacte avaient battu en retraite.

Après cette malheureuse attaque du côté des Français, ils renoncèrent pour la nuit à toute tentative contre Fréteval.

Nos compagnies reprirent leurs postes primitifs et envoyèrent en avant des patrouilles rampantes. Puis le 2e bataillon remplaça le 1er dans Fréteval. Les fusiliers du bataillon conservèrent leurs emplacements. Les 6e et 7e compagnies occupaient le front nord et constamment par des patrouilles se tinrent en contact avec l'adversaire de la gare. Les patrouilles constatèrent que l'ennemi s'y trouvait en grand nombre.

Durant toute la nuit, les Français dirigèrent de la gare une fusillade incessante, tantôt faible, tantôt nourrie. Dès que nos patrouilles approchaient, elles étaient accueillies par des coups de feu.

Sur les trois heures du matin nous reçûmes l'ordre d'évacuer la ville et de nous retirer sur les hauteurs de la rive gauche...

Cet historique nous fournit un récit assez exact des événements de la nuit du 15, on n'y relève d'exagération que dans leur commentaire. A lire Niemann, en effet, on croirait que les Prussiens ont eu raison des marins après une heureuse démonstration de mousqueterie. Le nombre des morts qu'ils abandonnèrent eux-mêmes dans la place témoigne du contraire, l'historien allemand ne cherche pas à dissimuler, d'ailleurs, que vers les trois heures du matin les fantassins du colonel von Boehm déguerpirent, leurs chefs redoutant, sans doute, de leur laisser achever la nuit, dans ce lieu dont les abords étaient si peu sûrs.

C'est à l'aide des documents qui précèdent, complétés par d'autres renseignements glanés de-ci, de-là que l'on a pu reconstituer l'histoire des événements de la nuit du 14 décembre :

Arrivant par la route de Fontaines, les marins rencontrent presque à l'entrée du bourg une section ennemie, elle fuit devant eux. Ralliée un instant par un officier qui arrive à la tête d'une compagnie, cette petite troupe est encore culbutée par l'assaillant à la poursuite duquel elle se dérobe. Elle se répand dans le village à la faveur de l'obscurité.

Au lieu d'envahir aussitôt Fréteval et de s'emparer de ses quelques voies, les marins s'attardent à explorer les maisons de la rue d'accès, ils massacrent quelques Prussiens qui s'y trouvent réfugiés. On conserve dans le pays le souvenir de l'affreuse tuerie dont une des maisons de cette rue fut le théâtre. L'imagination villageoise en a encore exagéré l'horreur. Dans un terrible corps à corps une vingtaine d'hommes, la hache ou la baïonnette à la main, s'y massacrèrent.

Pendant que les Français perdent ainsi leur temps, les officiers prussiens rassemblent en hâte leurs hommes, ils en jettent quelques-uns dans les maisons qui commandent le croisement de la rue de l'église et de celle du pont.

Rapidement retranchés, ces derniers commencent sur les assaillants une fusillade peu meurtrière mais qui arrête un instant leur attention. Trompés par l'obscurité, les marins ne se rendent pas compte de ce qui se passe autour d'eux, et commencent le siège et l'assaut de ces maisons dont ils font l'objectif immédiat de leur attaque avec plus de courage que de prudence.

C'est alors qu'une compagnie prussienne, lestement mise en ordre à la tête du pont, se porte au pas de course, à soixante pas environ du point où se défendent quelques-uns des leurs postés dans les habitations.

Elle ouvre, dans l'obscurité et dans la direction de la rue, un feu de masse qui fauche les premiers rangs des assaillants. Parmi les victimes de cette première fusillade, tombent le commandant Collet, chef de la colonne d'assaut, l'enseigne de vaisseau de Boysson et l'adjudant-major Denans, dont on inhuma les cadavres le lendemain.

Quelques instants après tombent le lieutenant de vaisseau Magouët de la Magouesserie, blessé grièvement aux deux jambes.

Il mourut des suites de ses blessures après sept mois de souffrances (1).

Le commandant Collet atteint d'une balle à la tête mourut deux heures après, avec toute sa connaissance, chez la personne qui l'avait recueilli. M. de Boysson, lui, ne survécut que quelques instants, l'adjudant-major Denans fut tué raide.

Les Français n'ont pas le temps de reconnaître d'où leur vient la mitraille qu'une autre compagnie prussienne, cachée du côté de l'église a déjà eu le temps aussi de se rassembler dans un petit renfoncement qui existe encore aujourd'hui et de faire instantanément front sur la rue. Elle dirige à son tour, presque à bout portant, une nouvelle salve sur le carrefour. On juge du nombre de victimes qui cette fois encore reste sur place (2).

---

(1) M. Magouët de la Magouesserie fut transporté le lendemain au château de la Gaudinière, à l'ambulance de Mme la duchesse de la Rochefoucauld. Il mourut sept mois après de ses blessures chez M. Bonamy, son beau-frère, ancien conseiller général du Finistère. M. de la Magouesserie eut la satisfaction de recevoir la croix avant de mourir. *Moniteur Universel* (Edition Tours et Bordeaux) n° du 10 janvier 1871.

(2) Major général STEINBERG. — Une bonne salve tirée à courte distance par la 2ᵉ

LA VIEILLE TOUR DE FRÉTEVAL

LA ROUTE DE MORÉE, ET A FLANC DE COTEAU, CELLE D'OUCQUES

Ne sachant plus sur lequel ennemi se ruer, ennemi invisible que le feu de la mousqueterie laisse apercevoir à peine au travers de l'éclair infernal de la fusillade (1), les marins se dispersent en désordre dans le village, par petits groupes, décidés à mourir mais non sans vendre chèrement leur vie. C'est ainsi qu'il en arrive quelques-uns jusque sur la place de l'église où l'on retrouva leurs cadavres mêlés avec ceux des Prussiens.

Unique témoin de ce drame, le vieux clocher en garde le secret, spectateur inerte de cet horrible massacre d'hommes ivres de colère et de misère s'entregorgeant aux portes du temple d'un Dieu de paix, macabre ironie d'un implacable destin qui ne respecte aucune fiction.

Le combat dura environ une heure et demie, de sept heures à huit heures et demie. Néanmoins, le succès ne fut pas à la hauteur du sacrifice. Les marins survivants, désormais désunis par la perte de leurs officiers, se replièrent enfin sur Fontaines, abandonnant morts et blessés que les habitants recueillirent.

Cette attaque de nuit à laquelle, d'après les ordres du général Jaurès, devaient prendre part deux brigades, fut faite par un seul bataillon ! et pendant toute sa durée aucune autre unité ne vint au secours des héroïques assaillants. Ceux-ci ne furent appuyés que par une fusillade venant de la gare et qui dût ne leur faire que des

compagnie les refoule sous un feu de masse sur quatre rangs. Une grande partie des troupes assaillantes gisait à terre. Les cris « à l'aide !... au secours !... » sortaient des poitrines des blessés, mais ni amis, ni ennemis, n'osaient se risquer en ces lieux sanglants. Ils restent abandonnés à leur sort, privés de tout secours jusqu'à l'arrivée des hommes de la Croix-Rouge.

(1) La nuit était si noire et la confusion si grande que les acteurs eux-mêmes de ce sombre drame ne peuvent pas en faire le récit. Nous avons eu la bonne fortune de rencontrer un des marins survivants de la colonne Collet, M. B..., aujourd'hui négociant en cuirs à Paris, que sa modestie nous oblige à ne pas désigner autrement et qui nous a écrit ce qui suit en réponse à une demande de renseignements que nous lui adressions à ce sujet : « Quant à ce qui concerne la bataille de Fréteval, j'ai le regret de ne pouvoir vous renseigner, car nous nous sommes battus, chacun à sa place, chacun où il se trouvait, les Prussiens nous sont tombés dessus sans qu'il fût possible de nous rendre compte de ce qui se passait plus loin, du reste ce n'était pas le moment..., souvenir glorieux auquel je pense et dont je parle le moins possible. »

victimes. Cependant les salves prussiennes avaient retenti sinistres dans la vallée. Si les troupes qui devaient donner avaient commencé leur mouvement en temps utile, elles auraient pu venir achever ce qui avait été si vigoureusement commencé. Où étaient donc passés la brigade du Temple ? et les autres bataillons de la brigade Collet ? Toutes les hypothèses sont permises. Souvenons-nous seulement de ceux qui furent héroïques, les marins le furent pour tous. L'histoire, au moins, leur a réservé cette compensation, de ne pas attribuer à d'autres une gloire qu'ils ne partagèrent avec personne.

La perte des officiers et des marins du bataillon Collet fut douloureusement ressentie dans Fréteval où on les voyait depuis une dizaine de jours. Ils s'étaient rendus sympathiques à toute la population dont ils soutenaient la foi dans l'avenir par une attitude crâne et bon enfant qui contrastait avec la faiblesse de certains autres corps.

Les marins eurent dans cette affaire une centaine d'hommes mis hors de combat dont vingt ou vingt-cinq morts ; ces chiffres, au reste, n'ont jamais été constatés officiellement. Les Prussiens qui souffrirent beaucoup moins ne doivent pas avoir eu, nous semble-t-il, plus d'une vingtaine d'hommes mis hors de combat, d'après les renseignements fournis par le grand état-major allemand et en tenant compte de l'atténuation avec laquelle il a la réputation de compter ses pertes.

Un médecin-major prussien avait trouvé la mort pendant l'action ; à titres de représailles les Allemands firent prisonnier le médecin de marine, le major Crevaux, qui était resté dans le bourg pour soigner les blessés (1).

Vers neuf heures, tout était fini, les Prussiens

---

(1) Le Docteur Crevaux, médecin de marine, était un homme intrépide qui, plusieurs années après la guerre fut massacré par les Indiens au cours d'une exploration scientifique dans l'Amérique du Sud.

essayèrent alors de se fortifier dans Fréteval : « *Le 2e bataillon (5e, 6e, 7e et 8e compagnies) reçut l'ordre de relever le 1er bataillon (1re, 2e, 3e et 4e compagnies) et de détacher une section dans la direction du passage de Courcelles. Cette mesure incomba au lieutenant von Kleist, qui s'y porta avec la 8e compagnie.*

Le pont était jonché de Français à moitié tués. Le lieutenant von Kleist résolut de rester en cet endroit. Il fit occuper de chaque côté du pont les maisons qui lui parurent le plus propices à la défense, aussi cet endroit ne tarda-t-il point à offrir une protection suffisante pour parer à tout événement (Niemann).

Il s'agit ici certainement d'un petit ponceau de l'extrémité sud-ouest du village sous lequel passe un faible ruisseau qui s'écoule au Loir. Les blessés que le lieutenant Prussien trouva là étaient des malheureux qui avaient eu la force de s'y traîner depuis le carrefour où ils avaient été frappés (1).

Les Allemands se retranchèrent non seulement dans les dernières maisons de la route de Fontaines, mais ils improvisèrent, en outre, en travers du chemin, une barricade avec des tombereaux, des lits, de la literie et divers objets mobiliers qu'ils prirent dans les maisons voisines.

Là aussi se place, de leur part, un acte de pillage que leurs historiens ont naturellement passé sous silence. On n'aime pas à rappeler aux générations futures d'aussi désobligeants souvenirs pour l'honneur national. On nous rendra, au moins, cette justice de n'avoir pas cherché à corser l'intérêt de cette histoire par le récit de faits plus

---

(1) LIVONIUS capitaine : *(Chronick bataillon fusiliers 76e 1891-Lubeck)* raconte ainsi l'attaque : ... « L'attaque eut lieu en face de la 9e compagnie qui a peu de distance et visant bien accueillit les Français par un feu de front, pendant que simultanément, la 2e compagnie sous les ordres du lieutenant von Verthern et une partie de la 12e compagnie (sergent-major Kuphal) les attaquaient de flanc et par derrière. Les Français subirent des pertes terribles, une grande partie de leurs officiers, leur commandant furent tués... »

légendaires que vraisemblables. Toutefois, en ce qui concerne l'affaire de Fréteval, un acte de pillage a été commis par les Prussiens, à ce moment de la nuit. Ils approchèrent dans le bourg des fourgons, sans doute destinés à recueillir le convoi de la gare, que les Bretons leur avait fait manquer, ce qui aurait été une légitime prise de guerre, et les remplirent d'objets mobiliers appartenant aux habitants, ce qui fut du brigandage, mais, prise de guerre ou banditisme, c'est là une distinction spécieuse à laquelle n'ont pas à s'attarder longtemps des hommes qui viennent de s'entrégorger.

Les Prussiens réquisitionnèrent en outre tous les attelages qu'ils purent trouver et chargèrent leurs morts qu'ils emportèrent dans la direction d'Oucques que leurs troupes occupaient depuis la veille. Ils les inhumèrent du côté de la ferme de Pallouel.

Ils conseillèrent aux habitants de fuir pour se soustraire aux dangers des attaques dont Fréteval serait certainement l'objet le lendemain. Beaucoup de femmes, de vieillards, d'enfants partirent, les Prussiens laissèrent leur convoi traverser leurs lignes, et le dirigèrent sur Oucques. Mme Desvaux qui fit partie de ce douloureux exode nous a dit avoir cheminé à côté de tombereaux remplis de cadavres prussiens dont les cahos de la route secouaient sinistrement les membres inertes au-dessus des rebords, spectacle poignant éclairé seulement par une lune blafarde, dont elle a conservé l'affreuse vision.

Cependant, l'ennemi devait renoncer à conserver Fréteval, la vigueur de l'attaque des fusiliers marins impressionna son état-major et lui fit redouter une nouvelle surprise, aussi : *Vers trois heures du matin, par ordre de la division, en silence et sans que l'ennemi s'en soit aperçu, la ville fut évacuée. Cette décision avait été prise parce que Fréteval qui se trouve dans un bas-fond, entre les forces ennemies et les nôtres, était menacé par un feu des plus violents provenant de la lisière d'un bois* (1) *à l'ouest de la ville et que la possession de la ville devenait difficile car l'artillerie ne pouvait efficacement nous soutenir étant d'un calibre trop faible pour pouvoir atteindre les hauteurs de l'autre côté et les côtes abruptes qui se trouvaient du nôtre ne pouvant être occupées sous le violent feu de chassepots qui les balayait* (Livonius).

Toutes ces raisons sont mauvaises, Livonius ne veut pas avouer le vrai motif de la retraite, il cherche à nous faire entendre que l'artillerie prussienne qui prit part au combat de jour, n'était pas suffisante pour le soir et que la fusillade de la gare était irrésistible, il y a évidemment là un peu de battage, le vrai motif c'est que les marins avaient absolument décontenancé les Prussiens.

Vers dix heures, en effet, lorsque les marins eurent évacué Fréteval, des officiers prussiens vinrent à la fonderie appréhender M. Jouanneau, alors sous-directeur, et lui donnèrent l'ordre de les conduire à Rocheux. Ils montèrent à cheval et le placèrent au milieu d'eux. M. Jouanneau ne fit d'ailleurs aucune résistance, cette mission ne faisant courir aucun risque à notre armée qu'il savait toute sur la rive droite.

Ces officiers étaient chargés de rendre immédiatement compte au grand-duc de Mecklembourg, installé au château de Rocheux, des événements qui venaient de se produire et de l'informer de la situation critique des Prussiens restés dans Fréteval.

Cette mission terminée, les officiers voulurent ensuite se faire conduire à Morée à travers bois, ils avaient sans doute des ordres urgents à transmettre aux détachements

---

(1) Il existe, en effet, sur la route de Fontaines près du passage à niveau, un petit bois de quelques arpents, dit *le bois de l'Ormois*. On voit par l'exactitude de ce détail avec quel soin et quelle précision les patrouilles prussiennes éclairaient l'Etat-Major.

prussiens qui occupaient cette petite ville. M. Jouanneau leur ayant déclaré qu'il ne connaissait aucun chemin direct, ils l'abandonnèrent en pleine forêt, sans sauf-conduit et piquèrent des deux dans la direction de Fréteval où ils portaient l'ordre de retraite.

M. Jouanneau continua donc seul sa route, au risque d'être fusillé par une sentinelle. Après avoir croisé le convoi de blessés dont il a été parlé plus haut, il arriva à hauteur de la ferme de Pallouel ; là il fut arrêté et conduit devant l'officier qui commandait le poste installé dans le logement du fermier. Il expliqua les causes de sa présence vraiment insolite sur une route aussi peu sûre et à une telle heure. Il fut ajouté foi à ses déclarations, mais on le retint néanmoins. Il fut avisé qu'il serait prisonnier jusqu'au départ de l'armée française. On ne voulait pas qu'il pût franchir les lignes et porter la nouvelle rassurante du désarroi des Prussiens. Il semble qu'à ce moment les deux armées ennemies aussi exténuées l'une que l'autre, ignoraient chacune l'état lamentable dans lequel se trouvait l'adversaire.

Toujours est-il que M. Jouanneau fut gardé, il trouva dans la ferme de Pallouel le brave docteur Crevaux, prisonnier aussi, les Allemands cependant ne voulaient pas conserver ce dernier, ils l'autorisèrent le lendemain à rejoindre l'armée française, à condition qu'il passât par Orléans et cela aussi, afin d'éviter qu'il renseignât l'état-major de la 2e armée de la Loire. Le docteur Crevaux ayant obtenu qu'on lui donnât M. Jouanneau pour guide, partit avec lui jusqu'à Oucques où ils se séparèrent. M. Jouanneau rentra à Fréteval le 18 pour être pris cette fois, comme otage par les Allemands comme on verra plus loin.

Nous donnons aussi à titre de document la traduction du passage de Karl Tanera. Cet auteur était capitaine au corps Bavarois qui faisait partie de l'armée du grand-duc de Mecklembourg avec les 17e et 22e divisions d'infanterie. Il a cherché à donner à la partie de son récit qui concerne Fréteval l'aspect d'un souvenir personnel. Nous ne pensons pas cependant qu'il ait assisté à l'attaque de nuit, parce que d'abord il n'est pas tout à fait conforme à celui de Nieman qui était présent et que d'autre part le corps Bavarois auquel appartenait Tanera était celui que le grand-duc attendait pour livrer le 16 une bataille décisive qui n'eut point lieu par suite de la retraite de Chanzy. C'est néanmoins un document intéressant et qui a l'impartialité ne ne pas méconnaître la valeur d'un adversaire héroïque. C'est à ce point de vue surtout qu'il nous a paru devoir intéresser le lecteur :

Sur le Loir et dans la Sarthe. — Le 14 décembre, nous eûmes encore près de Fréteval un violent combat. S'avançant sur trois colonnes la 17e division devait occuper le crochet que fait le Loir en cet endroit.

En deçà du Loir, le 18e régiment de dragons se heurta contre les Français qui paraissaient occuper une solide position défensive.

Cette manœuvre ne fut cependant pas inutile, car, pendant ce temps, par un pont qu'on avait omis de détruire, le 76e tout entier pénétrait dans Fréteval et s'y retranchait.

Comme les Français semblaient vouloir rassembler beaucoup de troupes pour engager le combat, le général major von Kottwitz, commandant la colonne, amena les batteries de sa brigade tandis qu'il ordonnait au 75e de s'approcher comme soutien.

Les Français, pendant ce temps, concentraient leurs troupes et attendaient l'approche de la nuit pour tenter une nouvelle attaque.

Jusqu'alors ils s'étaient contentés de petites attaques préalables qui, toutes, s'étaient brisées, infructueuses contre le tir prussien.

« Mon capitaine, me dit un chef de patrouille, je crois qu'ils s'apprêtent à revenir une fois encore...

— Nous le verrons bien. Notre dernière section est retranchée dans les maisons. Je vais demeurer ici avec la 3e et nous les fusillerons de derrière ces murs. »

Aussitôt, et ce ne fut pas inutile, une seconde compagnie prit une forte position.

Bientôt nous entendîmes les pas de l'adversaire loyal qui bravement s'avançait.

Le commandant (major) Collet s'élançait avec le 9ᵉ de marine, tandis que derrière lui devaient marcher pour le soutenir les fusiliers marins et les gardes mobiles du Gard et des Deux-Sèvres.

Mais le tir énergique des Prussiens accueillit à l'entrée de la grande route de Fréteval les braves soldats de marine.

Là se trouvait le 76ᵉ régiment un peu disséminé cependant. On les reçut à la baïonnette et à coups de crosses de fusil, puisque, ma foi, la fusillade à plusieurs reprises, n'avait pu les arrêter et bientôt, grâce surtout à la troupe du 1ᵉʳ lieutenant von Verthern, ils furent repoussés hors de la ville.

Perdant, maintenant, tout espoir de s'emparer de Fréteval, les assaillants, à rangs pressés poursuivis dans l'obscurité par notre fusillade, se dirigeaient vers les hauteurs qui bordent la rive droite du Loir.

Le 76ᵉ fit transporter tous ses blessés en arrière et vers les trois heures du matin quitta tranquillement la ville, d'abord pour rendre infructueux le tir de l'artillerie ennemie, ensuite parce que nous n'avions en vue aucun combat pour le 15.

Dans les deux combats de Morée et de Fréteval les pertes de la 17ᵉ division furent de cinq officiers et de cent trente-et-un hommes dont la majeure partie provenait du 76ᵉ d'infanterie.

Avant de poursuivre notre récit nous donnons au lecteur le texte d'une dépêche du général Chanzy au général Jaurès et la réponse de ce dernier relativement aux événements qui précèdent.

Général Chanzy au Général Jaurès à Busloup, par Pezou.

Vendôme, 15 décembre 1870, 2 heures du matin.

Général Jaurès,

Il est fâcheux que l'ennemi ait traversé le Loir et se trouve sur la rive droite après avoir occupé Fréteval. Tâchez de le déloger demain de cette position. Le général commandant le 17ᵉ corps reçoit l'ordre d'appuyer votre mouvement. La 3ᵉ division sera prête à se porter à votre aide si vous en avez besoin, dès que vous lui ferez connaître.

Faites surveiller le pont de Saint-Hilaire et faites-le sauter si besoin est, dans le cas où la division qui est à Morée serait obligée de se replier.

Comment se fait-il que les reconnaissances que vous avez dû faire le long de la forêt de Marchenoir et en avant de vos positions n'aient pas signalé cette marche de l'ennemi et que vous vous soyez laissé surprendre à Fréteval ?

CHANZY.

Réponse du général Jaurès :

M. le Général Chanzy, commandant en chef la 2ᵉ armée de la Loire.

Busloup, 15 décembre 1870.

Mon Général,

J'ai l'honneur de vous donner ci-après le résumé des rapports que j'ai reçus cette nuit des généraux commandant les 1ʳᵉ et 3ᵉ divisions sur la journée d'hier.

Le général Guillon a été attaqué vers onze heures et demie ; son bataillon de fusiliers marins placé sur les hauteurs de la rive gauche avait dû se replier, voyant l'ennemi à la fois par la route d'Oucques et par celle de Morée, et pouvant par conséquent être tourné. Le général avait dès le matin placé une batterie sur la crête qui put promptement répondre aux batteries qui couronnaient les crêtes ennemies et permettre aussi aux troupes et aux batteries de se mettre en mouvement.

Cette batterie de la crête a dû, contrainte par le feu de l'ennemi, se reculer et après avoir longtemps tiré dans les nouvelles positions, cesser son feu devenu insuffisant.

La seconde batterie de 4 placée sur l'éminence que présente la route de Paris, répondit d'abord aux batteries ennemies, et plus tard protégea le mouvement de nos troupes de la gare. Il en fut de même des sections de 12, d'abord placées aux abords du Plessis et ensuite sur le haut de la route de Paris.

Le bataillon de la gare fut renforcé d'un bataillon de la Loire-Inférieure et d'un bataillon de marine qui releva le 1ᵉʳ bataillon. L'ennemi était dans Fréteval et la mousqueterie fut violente. L'officier qui commandait le bataillon de la Loire-Inférieure fut blessé, son bataillon se replia en partie. Un peu plus tard j'envoyai le colonel du Temple avec deux bataillons se joindre à l'attaque de la gare et leur donnai l'ordre de reprendre Fréteval avec le concours du bataillon de marine Collet.

Ce dernier bataillon pénétra d'abord dans le village soutenu par nos bataillons de la gare mais l'ennemi était en force trop supérieure pour qu'il fût possible de le débusquer.

Cette attaque du village où les marins du commandant Collet ont fait vaillamment leur devoir nous coûte environ cent hommes hors de combat et nous avons eu le regret de perdre le commandant Collet qui n'a pas reparu.

On m'a dit que l'ennemi avait descendu des pièces en bas du village, mais je n'en crois rien.

De son côté le général Rousseau avait envoyé ses reconnaissances habituelles du matin, lorsque vers onze heures, un officier de dragons, M. D...., lui ramenait un prisonnier et lui annonçait que l'ennemi dessinait sa marche sur Morée, ne paraissant pas soupçonner la présence de nos troupes dans les villages sur la droite.

Le général Rousseau résolut alors une attaque de flanc, et, passant le pont de Saint-Hilaire, il gravit les hauteurs de la rive gauche avec le 13e bataillon de chasseurs, le bataillon de l'Aude et quatre compagnies du 58e, les francs-tireurs de la Corrèze et deux pièces d'artillerie. Vers trois heures, les dernières troupes s'engageaient et toutes s'avancèrent avec assez d'entrain jusqu'au ravin très propre à une embuscade.

A quatre heures et demie les Prussiens s'étaient avancés en poussant des hourrahs, nos hommes n'ont pas bougé et les ont reçus par une vive fusillade.

En résumé, le général Rousseau est resté maître de ses positions, une colonne qu'il avait dirigée directement sur Morée, par la route de Saint-Hilaire, ne prononça point son mouvement à cause de la nuit. Cette journée a été assez pénible pour la colonne Rousseau, qui compte quatre-vingt blessés et douze morts.

Le commandant Dubucquoy du 6e dragons a eu son cheval tué sous lui par deux obus. A mon extrême gauche, le général Goujard a fait une forte reconnaissance sur Châteaudun. Il a fait sept prisonniers et tué quelques cavaliers à l'ennemi. Il m'a annoncé qu'il a devant lui, au nord, de l'infanterie et de la cavalerie.

Il envoie un bataillon à Châteaudun pour s'éclairer de ce côté.

Agréez, mon général, etc...

Général JAURÈS.

Cette dépêche du général Jaurès est très confuse et très incomplète. De deux choses, l'une, ses lieutenants ne l'ont pas exactement renseigné ou s'il a été bien informé, il a hésité à faire connaître toute la vérité au général en chef. Il a fourni un rapport délibérément vague afin de masquer les fautes ou les défaillances de la journée soit par crainte de voir le récit de la vérité accroître la démoralisation.

Il passe rapidement sur le départ de la grand'garde de la rive gauche qu'il dit n'avoir été composée que d'un bataillon de fusiliers marins alors qu'elle était composée de toute la brigade dont dépendait ce bataillon. Le commandant Rigalleau, et l'auteur de l'historique du bataillon de la garde-mobile de la Manche nous l'affirment.

Il parle d'une incompréhensible opération d'artillerie mais oublie de parler de la bataille qui laissa la gare toute criblée et fit au bataillon du Finistère-Morbihan trente morts et cent dix blessés.

Évasivement il dit que le bataillon Collet a perdu cent hommmes dans son attaque de nuit, appuyés par quatre bataillons qui ne sont pas sortis de la gare parce que les forces ennemies étaient trop supérieures (!).

On ne voit pas comment la petite gare de Fréteval aurait pu abriter près de trois mille hommes pour assister l'arme au pied à l'écrasement d'un bataillon des leurs engagés dans le village.

Enfin, il s'étend avec plus de complaisance sur l'affaire de Saint-Hilaire, qui, bien que meurtrière aussi, a coûté moitié moins de monde que l'affaire de jour de Fréteval.

Nous avons tenu à attirer l'attention du lecteur sur ce document historique dans la forme confuse duquel son auteur a caché son embarras. Il n'a pas voulu dire la vérité s'il l'a connue, il n'a pas voulu non plus l'altérer, il s'en est tiré par un rapport vague. Ce rapport n'a pas peu contribué à faire oublier ceux qui s'étaient courageusement conduits pour en sauver d'autres qui avaient fait preuve de faiblesse.

Ce n'est qu'au point de vue de l'injustice historique qui en fut la conséquence que nous avons critiqué ce document. Le général Jaurès avait beaucoup d'énergie, mais cette qualité d'un seul était insuffisante à stimuler les les troupes à bout de forces. Enfin il a pu lui paraître inutile à ce moment de publier des fautes qui pouvaient encore se réparer ou s'atténuer le lendemain par la destruction du pont.

Les historiens français corroborés par des historiques allemands nous permettent, en ce qui concerne Fréteval de soulever aujourd'hui un coin du voile derrière lequel s'est, jusqu'ici, cachée la vérité.

Les archives du ministère de la guerre ne sont malheureusement pas publiques. Le chercheur ne peut prendre communication que des documents antérieurs à 1848.

C'est là que pourtant sont tous les rapports officiels des commandants d'unités, c'est de là qu'un jour sortira la vérité, mais trop longtemps après que seront morts de vieillesse certains usurpateurs d'une gloire dont les vrais héros auront été dépouillés, cependant que leurs os auront blanchi par les champs qui virent leur trépas.

IV

Journée du 15 décembre. — Destruction du Pont. — Escarmouches. — Inhumation des morts de la veille. — Le convoi de la gare est sauvé. — L'armée conserve ses positions.

Le 15 au matin, Fréteval était évacué, les Prussiens avaient remonté la route d'Oucques, et s'étaient solidement établis sur le côteau ainsi que sur les pentes qui dominent le bourg.

Le grand État-Major prussien (4e vol.) traduit par Costa de Serda dit :

> Le 15, de grand matin, le 76e régiment (3 bataillons) se retirait de Fréteval sur la rive gauche du Loir. Le 1er bataillon du 75e prenait position sur le revers même de la vallée, aux ruines du château d'où il dirigeait une vive fusillade contre l'infanterie ennemie qui procédait dans le courant de la matinée à une destruction sommaire du pont de Fréteval.

Les troupes restées à la gare n'eurent donc pas à reprendre Fréteval, elles prirent seulement leurs dispositions pour aller couper le pont. Cependant, les habitants, M. Bruère, l'honorable maire, en tête, se trouvèrent au petit jour dans les rues pour relever les morts et les blessés. Le plus grand nombre de ces derniers furent dirigés sur les ambulances des châteaux de Rougemont et de la Gaudinière. Quelques-uns restèrent dans le pays où les Sœurs et d'autres personnes charitables avaient organisé une petite ambulance.

On porta les morts au cimetière et quelques journaliers

furent réquisitionnés pour creuser des fosses, mais les rues dûrent être bientôt abandonnées par les villageois, quand une section du génie, appuyée par le bataillon de fusiliers marins du colonel Michaud, s'approcha du pont. Il partit aussitôt des abords de la vieille tour une vive fusillade heureusement mal dirigée.

Malgré elle, les sapeurs se jetèrent courageusement dans les barques amarrées à la rive ; ils entassèrent sous la plate-forme du pont des fagots auxquels ils mirent le feu. On dut adopter ce procédé lent et presque d'un autre âge parce que les explosifs faisaient défaut. Il s'ensuivit que le pont ne fut qu'imparfaitement coupé, et que ses organes insuffisamment détruits purent être facilement et rapidement remis en état, le 17, par les Prussiens.

Les sapeurs et les fantassins qui les protégèrent firent preuve de beaucoup de sang froid. Les troupiers qui apportaient des bourrées du village traversaient au pas de course la rue plus directement exposée au feu de l'ennemi et se dissimulaient derrière d'épaisses planches qu'ils maintenaient d'une main devant eux.

Une barque laissée trop près du pont prit feu avec celui-ci (1).

Les habitants de la rive gauche restèrent ensuite séparés du reste du bourg pendant quarante-huit heures.

Le pont détruit, les troupes rentrèrent à la gare où elles semblent s'être trouvées nombreuses car plusieurs historiques honorent leur corps du souvenir d'avoir été désigné pour occuper ce point périlleux d'où, toutefois, on ne devait plus avoir à soutenir le choc de l'ennemi : *Le 15 décembre, en dehors de cet épisode aucune rencontre ne se produisait, ni sur ce point, ni sur Morée, car l'adversaire se bornait, de son côté, à maintenir*

---

(1) Le bon à l'aide duquel son propriétaire fut indemnisé après la guerre figure dans les papiers de M. Bruère.

l'occupation des hauteurs du versant opposé. (Grand état-major allemand).

Le reste de la journée fut donc calme, il s'échangea seulement quelques coups de feu entre les parties en présence.

Des mobiles purent ainsi participer à rendre les derniers devoirs à leurs morts de la veille...... *le 15, vers midi, le 3e bataillon (Mobiles du Calvados, 15e Régiment) reçut l'ordre d'aller occuper la gare avec le 4e bataillon. Le sol était encore jonché de cadavres et la gare avait été criblée par des projectiles de toutes sortes.*

Nos mobiles enterrèrent des morts et à peine avaient-ils fini cette besogne que le bataillon reçut l'ordre de rejoindre le régiment.

Cette opération s'était passée sans incidents, quelques coups de fusil avaient été échangés entre les sentinelles avancées. (Historique des Mobiles du Calvados).

C'est ainsi que dans la soirée, à la chute du jour, un malheureux tâcheron qui avait été occupé toute la journée au cimetière à l'ensevelissement des morts fut tué d'une balle en pleine poitrine.

Fatigué, il cheminait lentement, la pelle sur l'épaule, hanté sans doute par le lugubre spectacle de son travail de la journée lorsque des tirailleurs ennemis, postés dans la pente, le prirent probablement pour une sentinelle et lui envoyèrent quelques coups de fusil. L'un deux par hasard visa juste. Celui qui l'atteignit a-t-il l'excuse d'avoir cru ajuster un combattant ou tua-t-il pour tuer ? on ne saurait le dire, toujours est-il qu'une balle aveugle vint abattre ce pauvre homme, grossissant encore d'une modeste unité l'immense charnier dont un cœur léger couvrit notre malheureux pays.

Les opérations de la rupture du pont avaient été aussi très heureusement appuyées par notre artillerie du

Plessis, cette dernière paralysa la résistance des Prussiens et les empêcha d'occuper commodément les crêtes qui commandent le bourg.

Les officiers cantonnés au Plessis suivaient très bien avec leurs jumelles les mouvements de l'ennemi et l'effet du tir qui fut assez vite réglé. Il n'est pas question même que le coup court ait endommagé le village, ce qui fait honneur aux pointeurs Les hauteurs de la rive gauche devinrent intenables et furent évacuées dans l'après-midi.

Les divisions du grand duc de Mecklembourg devaient rester inactives jusqu'au 17 en attendant l'arrivée sur leur ligne du gros qui approchait sous les ordres du prince Frédéric-Charles, encore que le pont de Pezou ait été cependant le théâtre d'une petite escarmouche brillante pour nos armes.

Dans l'après-midi du 15 décembre, le grand duc de Mecklembourg, préoccupé de l'imminence d'un choc décisif avait prescrit de faire relever la 17ᵉ division par des éléments moins activement employés durant les derniers jours et, à cette fin, il avait ordonné pour le lendemain matin (16 décembre) à la 22ᵉ division d'appuyer sur les troupes en position à Lignières et à Fréteval; à la 4ᵉ brigade bavaroise de faire de même sur Morée.

La 22ᵉ division procédait en temps voulu au relèvement prescrit sans rencontrer des empêchements sérieux.

L'ennemi tirait quelques coups de canon seulement et faisait mine, à plusieurs reprises de se porter en avant, mais, à chaque fois, il suspendait son mouvement avant d'être à portée des armes allemandes. (Grand état-major allemand). Costa de Serda.

L'état-major de la 2ᵉ armée de la Loire était informé des mouvements et des projets de l'ennemi en avant de sa ligne de défense, aussi envisageait-il déjà l'éventualité d'une retraite prochaine.

Du côté des Allemands on préparait une attaque générale pour le 17. (Grand état-major allemand).

Fréteval dont la conservation avait coûté tant de morts était donc à la veille de retomber aux mains des Prussiens, et avec lui, le convoi de marchandises de la gare. C'est pourquoi, dans la matinée, le général Jaurès fit donner l'ordre d'évacuer ce dernier sur Le Mans.

Trois compagnies du bataillon « *Finistère-Morbihan* » sous les ordres du capitaine Fournier (1), chef de détachement, furent désignées pour lui faire escorte. Toute la soirée du 15 fut employée à charger sur les voitures de réquisition les marchandises utilisables qui restaient. Les opérations étaient dirigées par l'intendant Barattier dont les services et lui-même étaient installés au Plessis.

Le convoi partit dans la nuit qui suivit. La plupart des voitures réquisitionnées ne revinrent pas au pays; à leur retour, leurs convoyeurs en furent dépouillés par les Prussiens qui investissaient Le Mans. Les dossiers tenus avec tant d'ordre par M. Bruère font foi des indemnités qui furent accordées à ceux des fermiers du canton de Morée qui perdirent ainsi leurs équipages.

D'après Stutzke (*perte des allemands en 1870-71.* — 1891, in-8), la 17e division perdit vingt-trois hommes et trois chevaux le 15 décembre.

Le capitaine Leclerc n'attribue dans ce chiffre que treize hommes à l'affaire de Fréteval *(près des ruines du château à 500 mètres sud-est)*. Le surplus concerne à son avis une autre escarmouche, du côté de Pezou probablement.

Ces chiffres quels que soient les documents authentiques consultés, doivent être naturellement acceptés avec beaucoup de réserve; ce qui reste établi, c'est que ce jour-là l'artillerie du Plessis porta juste et paralysa complètement l'attaque de l'ennemi.

---

(1) Cet officier blessé à la Madeleine-Bouvet était à peine convalescent, il n'avait pas voulu prendre prétexte de sa blessure pour quitter son bataillon. Il fut décoré.

V

**16 Décembre. — Retraite de l'Armée sur le Mans. —
Les Prussiens traversent le Loir le 17.**

La matinée du 16 décembre se passe sans incident, la gare reste occupée par quelques corps de troupe, notamment encore par le bataillon des mobiles du Calvados. Le sol, dit son historien, était encore jonché de cadavres, les mobiles achevèrent d'enterrer les morts, à peine eurent-ils terminé cette pieuse besogne qu'ils reçurent l'ordre de rejoindre le régiment. Cette occupation, du reste, n'avait pas été troublée.

Quelques inutiles coup de fusil avaient été seulement échangés entre les sentinelles avancées.

Cependant un bataillon se trouva un instant dans une situation critique : le lieutenant-colonel de Labarte ayant aperçu des chasseurs à pied, probablement de la 1re division, aux prises avec l'ennemi, du côté de Saint-Hilaire, envoya quelques tirailleurs sous le commandement du lieutenant Sauvalle, pour couronner le haut du plateau en même temps que l'artillerie se mettait en batterie, mais, nos pièces de 4 ne pouvant lutter contre les pièces à longue portée, le capitaine de la batterie se replia pendant que nos tirailleurs occupaient l'ennemi. Les Prussiens tournent aussitôt le feu de leur pièce de notre côté et plus tard sur la ferme de la Gaillardière où quelques uns de leurs obus vinrent tomber. L'un d'eux renversa la marmite d'une escouade en train de faire la soupe, un autre tomba près de la ferme où les officiers venaient de prendre leur repas. C'est en défilant sous le feu de cette batterie que le bataillon du Calvados dût passer pour prendre part au mouvement général de retraite.

Elle fut, en effet, ordonnée dans la soirée du 16; l'ordre en était tardivement parvenu au général Jaurès qui ignorait que le mouvement était déjà commencé du côté de Vendôme.

Il fut exécuté avec un sentiment de soulagement par les divisions du 21e corps; de plus en plus surmenées elles redoutaient une bataille rangée.

Le 21e corps commença donc vers les trois heures du soir sa retraite sur le Mans en se dirigeant sur Mondoubleau et Droué où il eut à supporter le choc « *de la 5e division de cavalerie prussienne qui, lancée de Chartres vers Mondoubleau attaquait le village et y surprenait nos soldats* » (Commandant ROUSSET).

Convois, artillerie, régiments, défilèrent longtemps, et enfin, pour tromper l'ennemi sur notre véritable dessein, à l'arrivée de la nuit, le lieutenant Viel fut détaché avec une section du bataillon du Calvados pour allumer des feux sur les positions que nous avions occupées pendant la journée et laisser croire ainsi à notre présence sur ces points. Cet officier secondé par les sergents Guignard et Martin accomplit heureusement sa mission et rejoignit le gros dans la nuit avec ses hommes.

On s'était mis en marche à travers de petits chemins défoncés où plus d'une caisse à biscuits ou de munitions abandonnées dans la boue prouvaient le désordre de la retraite. Ces épaves et des ornières sans fond marquaient la route qu'avait suivie l'armée. On marcha longtemps à travers la forêt de la Ville-aux-Clercs où l'on arriva au matin. Beaucoup d'hommes étaient nu-pieds, d'autres plus favorisés s'étaient procurés des sabots. (Historique du bataillon du Calvados).

Ainsi commença l'exode de ces pauvres gens dont le plus grand nombre devait trouver le terme d'un long martyre aux combats sanglants des journées du Mans.

Le 16 au soir, Fréteval était donc complètement évacué, les habitants redoutant les terribles représailles d'un ennemi à qui le pays était désormais ouvert quittèrent leurs maisons, emportant tout ce qui était transportable. Femmes et enfants furent conduits dans la forêt de la Gaudinière qui leur offrit pendant quelques jours un abri sûr. Ce qui restait de bétail y fut aussi dirigé.

M. Bruère, maire, un ou deux autres autres hommes et le curé, vénérable vieillard que le caractère de ses fonctions mettait à l'abri des violences, restèrent seuls dans Fréteval attendant les événements.

Malgré les précautions prises, les Prussiens étaient informés par leur service d'éclaireur du mouvement de retraite de la deuxième armée de la Loire. La nouvelle avait dû leur venir de Vendôme, car ici, rien ne pouvait leur laisser prévoir ce qui se passait en avant de leurs lignes.

Aussi, le 17 au matin, se présentaient-ils à la tête du pont de Fréteval et leur chef ordonnait à M. Bruère de le faire réparer. Comme il n'y mettait pas l'empressement qu'ils auraient souhaité, cherchant à gagner du temps, ils le menacèrent de faire sauter la mairie et d'en prendre les matériaux. Comme ils auraient mis cette menace à exécution, il fallut bien subir leur volonté. Le chantier d'un charpentier fut réquisitionné et en quelques heures le pont fut rétabli. On lit dans Rustow (*guerre 1870-1871*).

Les ponts sur le Loir avaient été détruits par les troupes françaises, mais d'une façon si imparfaite que en quelques heures ils étaient rétablis.

Les Prussiens ne firent que traverser Fréteval sans s'y arrêter.

Le prince Frédéric-Charles avait donné l'ordre de poursuivre l'armée de Chanzy sans répit.

Le 18, de nouvelles colonnes ennemies arrivèrent à Fréteval, leur commandant informa le maire qu'il avait ordre de lever sur la commune une contribution de guerre de 25.000 francs.

La somme était ronde, trop ronde même pour ce pauvre pays déjà ruiné. Enfin, M. Bruère convoqua son conseil, il restait six conseillers (1). Il leur exposa l'objet de cette réunion extraordinaire. La demande des Allemands fut à l'unanimité repoussée par suite de l'impossibilité matérielle de se procurer la somme.

L'officier prussien fit aussitôt arrêter les six conseillers, maire en tête, et les fit emprisonner, déclarant que si dans un délai d'une heure il ne lui était pas compté 3.000 fr. — les exigences diminuaient — ils seraient conduits en Prusse comme otages.

M. Jouanneau qui était du nombre des prisonniers fut désigné pour aller dans le bourg rassembler la somme. Il se rendit à la fonderie dont il connaissait la cachette et rapporta les 3.000 francs. Il était temps, car déjà ses collègues étaient en marche en tête d'une colonne prussienne. Il put cependant les rejoindre et obtenir leur liberté contre les bonnes espèces trébuchantes qui furent comptées au vainqueur sur un tonneau qui se trouvait par hasard au bord de la route.

Tel fut le dernier épisode de l'invasion à Fréteval. Le pays fut ensuite occupé sans interruption par des troupes allemandes jusqu'au mois de mars 1871, c'est-à-dire jusqu'à la fin de la campagne.

---

(1) MM. Bruère, maire, Jouanneau, Guittard, Couasmet et Breton conseillers.

Lorsqu'après la conclusion de la paix il fut question d'indemniser les pertes subies du fait de la guerre, les habitants de Fréteval se virent menacés de perdre le remboursement des réquisitions dont ils avaient été l'objet. Tous les bons avaient été égarés par suite de la confusion inséparable d'une occupation qui avait été si longue. M. Bruère qui avait refusé le remboursement de ce qui lui é'ait dû déploya toute son énergie pour faire indemniser ses concitoyens. Sa vigilance fut à la hauteur de son désintéressemant.

VENDÔME. — IMP. F. EMPAYTAZ

137

www.ingramcontent.com/pod-product-compliance
Lightning Source LLC
LaVergne TN
LVHW021722080426
835510LV00010B/1095